Förderausgabe

Doppel-Klick

7

Das Sprach- und Lesebuch

Erarbeitet von
Margret Angel, Marion Böhme, Amelie Erdnüss, Martina König,
Isabelle Naumann, Benjamin Schmidt, Siegfried Wengert

Cornelsen

Die Themen

Diskutieren und argumentieren
– Gesprächsregeln festlegen und beachten
– Beiträge sprachlich angemessen formulieren
– Ursachen für gestörte Kommunikation erkennen
– Gestik und Mimik funktional einsetzen
– eine Diskussion selbstständig führen
– diskutieren im Klassenrat

Possessivpronomen

Diskutieren und argumentieren
– Pro- und Kontra-Argumente sammeln
– aktiv zuhören

Sachtexte erschließen
– aus Sachtexten Informationen entnehmen
– Vermutungen zum Text anstellen und prüfen
– Grafiken erschließen
– Informationsquellen nutzen
– eine Folie gestalten und präsentieren

einen Versuch beschreiben
Sätze formulieren
Eine Grafik erschließen

Produktionsorientiertes Schreiben
– zu Texten und Bildern schreiben
– eine Geschichte schreiben
– einen Brief schreiben
– eine Person beschreiben
– ein Plakat gestalten

Personalpronomen

Texte überarbeiten
eine Geschichte überarbeiten

Sachlich beschreiben
eine Person beschreiben

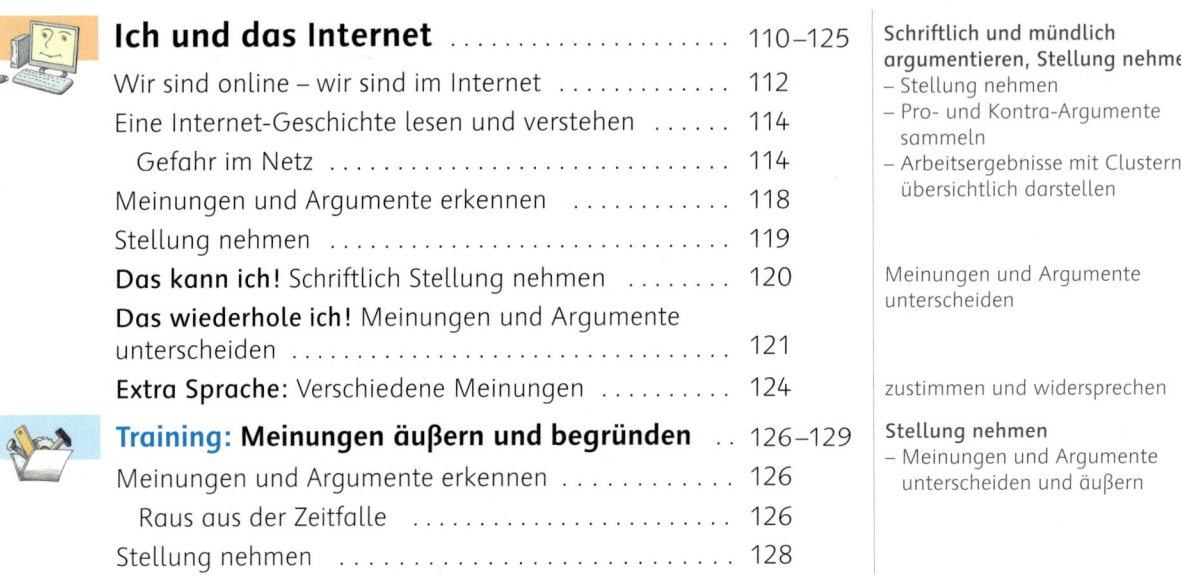

Schriftlich und mündlich
argumentieren, Stellung nehmen
– Stellung nehmen
– Pro- und Kontra-Argumente
  sammeln
– Arbeitsergebnisse mit Clustern
  übersichtlich darstellen

Meinungen und Argumente
unterscheiden

zustimmen und widersprechen

Stellung nehmen
– Meinungen und Argumente
  unterscheiden und äußern

Medien und Gattungen

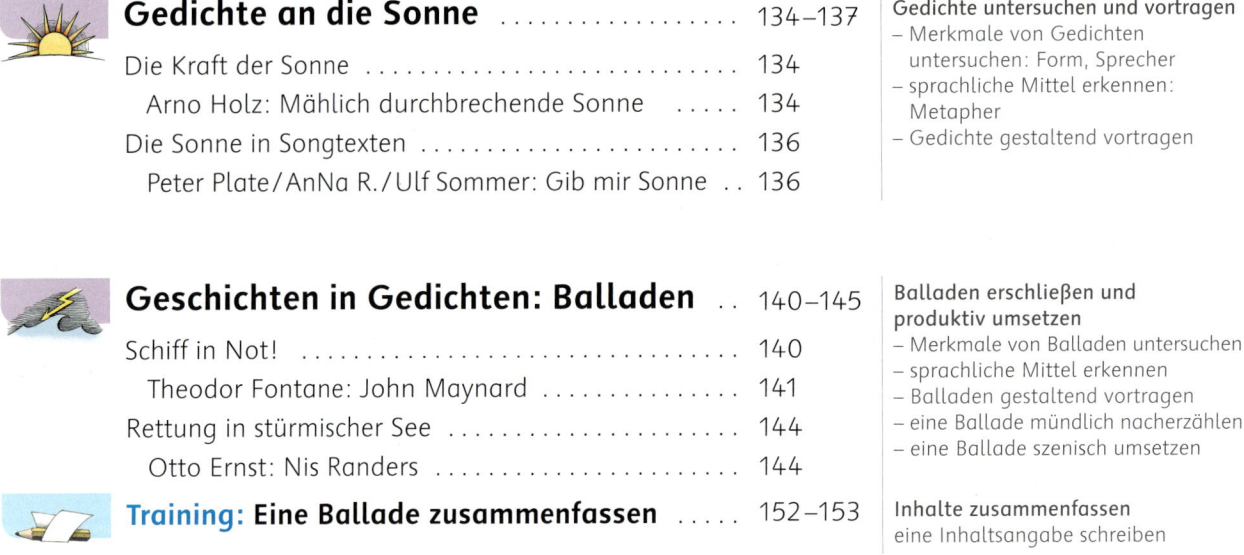

Gedichte untersuchen und vortragen
– Merkmale von Gedichten
  untersuchen: Form, Sprecher
– sprachliche Mittel erkennen:
  Metapher
– Gedichte gestaltend vortragen

Balladen erschließen und
produktiv umsetzen
– Merkmale von Balladen untersuchen
– sprachliche Mittel erkennen
– Balladen gestaltend vortragen
– eine Ballade mündlich nacherzählen
– eine Ballade szenisch umsetzen

Inhalte zusammenfassen
eine Inhaltsangabe schreiben

Nachschlagen und üben

Rechtschreiben

Grundlagen der Rechtschreibung
– die Schrift üben – schreiben üben
– Rechtschreibsicherheit gewinnen

Nomen mit -ung, -heit, -nis
unregelmäßige Verben

Wörter mit ss
Komma bei Aufzählungen

Adjektive auf -ig, -lich, -isch, -sam
Komma bei als und weil

Wörter mit h
Kardinalzahlen

Nominalisierung von Verben
wörtliche Rede

Rechtschreibstrategien nutzen

Grammatik

Zum Nachschlagen

Los geht's: Miteinander

Ich war gestern wirklich zu lange auf.

So ein Schwachsinn! Du willst mir doch nicht erzählen, dass du jeden Abend brav um neun ins Bett gehst.

das Gespräch

der Streit

A

Leon! Aufwachen!

Wieso muss ich um kurz nach sieben aufstehen?

1 • Was seht ihr auf den Bildern?
 • Was lest ihr in den Sprechblasen?

2 Über viele Themen kann man gut diskutieren. Um welches Thema geht es hier?

>>> die Jugendlichen, sprechen –
das Gespräch,
streiten – der Streit,
diskutieren –
die Diskussion

reden

> Meiner Meinung nach muss jeder selbst wissen, wie viel Schlaf er braucht.

> Wir sollten noch diskutieren, welche Folgen Schlafmangel hat. Wer möchte beginnen?

3

4

die Diskussion

die Diskussion mit Diskussionsleiter

B

> Frühstück ist fertig.

> Oh, Mann, sie weiß doch, dass ich morgens keinen Appetit habe.

C

Darüber denkt Leon nach
- Schulbeginn um acht Uhr
- heimlich Computer ...

3 Über welche Themen diskutiert ihr?
In welchen Situationen diskutiert ihr?
Sammelt gemeinsam Themen und Situationen.

>>> die Schlafenszeiten, heimlich Computerspielen, die Ferienplanung ...

In diesem Kapitel könnt ihr üben, eure Meinung zu begründen und fair miteinander zu diskutieren.

Jeder hat eine Meinung

Manchmal geht es in der Klasse sehr lebendig zu.

1	Luca:	„So ein Schwachsinn! Du willst mir doch
2		nicht erzählen, dass du jeden Abend
3		brav um neun Uhr ins Bett gehst?"
4	Darja:	„Was laberst du mich denn hier so schräg von der Seite an?
5		Mit dir habe ich doch gar nicht gesprochen!"
6	Hamed:	„Das hat er bestimmt nicht so gemeint.
7		Ich würde auch gern wissen, ob du immer
8		um neun schlafen musst."
9	Darja:	„Ach, ich weiß gar nicht, was euch das angeht.
10		Gestern ist es eben später geworden.
11		Und heute krieg ich nichts auf die Reihe."
12	Luca:	„Hat die Mammi dich nicht rechtzeitig ins Bett
13		gebracht, du Arme ..."
14	Hamed:	„Komm, hör auf ..."
15	Darja:	„Mit dir hab ich doch gar nicht gesprochen."
16	Hamed:	„Lass dich doch nicht provozieren. – Ich kenne das auch:
17		Manchmal höre ich Musik und vergesse dabei total die Zeit."
18	Darja:	„Ja, genau so war das. Eigentlich darf ich das
19		so spät nicht mehr. Mein Vater meint, dass man davon
20		einen unruhigen Schlaf bekommt."
21	Luca:	„Was mischt der sich denn ein?"
22	Darja:	„Na, aber das ist doch mein Vater ..."
23	Luca:	„Also ich kann ohne Musik überhaupt nicht einschlafen.
24		Manchmal vergesse ich sogar abzuschalten.
25		Und ich finde, meine Eltern geht das gar nichts an."
26	Hamed:	„Also wir haben zu Hause Absprachen ..."

💬 **1** Worum geht es in dem Gespräch? Beschreibt.

💬 **2** **a. Wie sprechen** die Jugendlichen miteinander?
  • Welche Stellen im Gespräch sind sachlich?
  • Welche Stellen sind eher unsachlich?   → Zeile 1–4, 9–13, 21
  b. Wie verhalten sich die Jugendlichen?

Die Meinung ohne Worte zeigen

Auch mit der Körperhaltung (Gestik) und dem Gesichtsausdruck (Mimik) könnt ihr eure Meinung ausdrücken.

3 a. Beschreibt die Körperhaltung und den Gesichtsausdruck der Jugendlichen.
b. Was sagen Körper und Gesicht über ihre Gefühle aus?

4 a. Lest das Gespräch auf Seite 14 mit verteilten Rollen.
• Betont die Sätze so, dass man die Gefühle hören kann.
• Probiert verschiedene Möglichkeiten aus.
b. Stellt das Gespräch in einem Standbild nach.

→ ein Standbild bauen: Seite 295

Ein Gesicht kann verraten, wie sich jemand fühlt.

5 • Wie wirken die drei Jugendlichen auf euch?
• Was könnten sie fühlen?
• Wie unterscheiden sich die drei Gesichter?

⟩⟩⟩ Wut, Unsicherheit, Ärger, Enttäuschung …

 6 a. Spielt das Gespräch von Seite 14 als Rollenspiel. Setzt passende Mimik und Gestik ein.
b. Wertet das Rollenspiel gemeinsam aus.
Tipp: Nehmt die Rollenspiele mit einer Kamera auf.

→ eine Szene spielen: Seite 298

Über eine Geschichte diskutieren

Das Leben ist schön und könnte oft noch schöner sein, wenn …

1 Lies die Geschichte. Wende die Schritte vom Textknacker an. → Textknacker: Seite 288

> **1. Schritt: Vor dem Lesen**
> **2. Schritt: Das erste Lesen**
> **3. Schritt: Den Text genau lesen**

📖 Aufstehen! nach Jochen Till

1 „Leon! Aufwachen!"
2 Verdammt, wer spricht da? Ich schlafe noch!
3 „Leon! Hörst du?"
4 Das ist meine Mutter. Na super. Das kann nur eins
5 bedeuten. Heute ist ein Schultag.
6 „Leon! Du musst aufstehen! Es ist kurz nach sieben!"
7 Genau das ist ja das Problem. Wieso muss ich
8 um kurz nach sieben aufstehen? Acht Uhr Schulbeginn
9 ist zu früh. Wer ist denn da schon richtig wach?
10 Selbst die meisten Lehrer sind um diese Uhrzeit
11 noch nicht fit. Wenn die Schule erst um neun
12 anfangen würde, hätte ich sicher viel bessere Noten.

13 „Leon! Bist du wach?"
14 Nein, Mama. Wie soll ich denn wach sein, wenn ich
15 gestern noch bis halb eins heimlich online Computer
16 gezockt habe? Ja, ich weiß, das darf ich eigentlich nicht.
17 Aber wann soll ich das denn sonst machen?
18 Tagsüber habe ich mehr als genug zu tun.
19 Schule, Hausaufgaben, Mathe-Nachhilfe,
20 Fußballtraining – da bleibt keine Zeit mehr
21 für ein bisschen Entspannung. Oh, apropos Mathe.
22 Habe ich die Hausaufgaben eigentlich gestern noch
23 alle geschafft? Na ja, egal, notfalls muss ich den Rest
24 noch schnell in der Pause von Niklas abschreiben.

25 „Leon! Ich sag's nicht nochmal! Steh jetzt auf!"
26 Nur noch fünf Minuten, Mama. Lass mich nur
27 noch fünf Minuten schlafen. Ich frühstücke dann auch
28 schneller, versprochen. So früh am Tag kriege ich sowieso
29 kaum etwas runter. Aber sagt das mal meiner Mutter.
30 Bei ihr gleicht jedes Frühstück einem All-You-Can-Eat-
31 Buffet[1]. Jede Wette, da draußen wartet schon wieder
32 ein großer Teller mit Rührei auf mich.
33 Sind eigentlich alle Mütter so drauf?

34 „Leon! Du weißt ganz genau, was passiert, wenn du
35 jetzt nicht aufstehst!" Ja, ich weiß. Dann verpasse ich
36 wieder den Bus. Und Papa muss mich mitnehmen.
37 Und das ist für ihn ein Riesenumweg.
38 „Na gut, Leon! Ich habe dich gewarnt!"
39 Ja, ja, von mir aus. Hauptsache, ich kann noch fünf
40 Minuten schlafen. Ich höre, wie meine Zimmertür
41 sich öffnet. Schritte nähern sich. „Letzte Chance, Leon!"
42 Letzte Chance? Wofür? Weiterzuschlafen?
43 Danke, diese Chance nutze ich gern.

44 „Okay, du hast es nicht anders gewollt." Ich fühle
45 einen Luftzug an der Hüfte. Im nächsten Augenblick
46 spüre ich etwas Eiskaltes auf meinem Bauch. Ich schreie
47 laut auf und springe plötzlich hellwach aus dem Bett.
48 „Na also, geht doch", sagt meine Mutter und hebt
49 grinsend das Eispack vom Boden auf. „Frühstück ist fertig."
50 Oh, Mann. Jeden Morgen dasselbe. Hoffentlich sind
51 bald Ferien.

[1] das All-You-Can-Eat-Buffet: [sprich: all-ju-kän-iet-büffee]:
Hier kann man so viel essen, wie man schafft.

4. Schritt: Nach dem Lesen

2 Beantworte die folgenden Fragen in Stichworten.
• Wie fühlt sich Leon?
• Über welche Themen denkt Leon nach?

erschrocken, genervt,
hellwach, müde, wütend

››› der Schulbeginn,
das Frühstück,
die Freizeit, die Schule,
die Hausaufgaben

Sachliche Diskussionen führen

Leon hat Schwierigkeiten, am Morgen aus dem Bett zu kommen.

💬 **5** • Wie ist es morgens vor der Schule bei euch?
• Welche Gemeinsamkeiten und Unterschiede
zu Leons Morgen gibt es?

Leon denkt beim Aufwachen über verschiedene Themen nach.

W 💬 **6** Sammelt die Themen an der Tafel.
Verwendet eure Ergebnisse von Aufgabe 2 auf Seite 17.
Wählt aus:
• Schreibt die Themen als Liste auf.
• Oder legt eine Mindmap zu den Themen an.

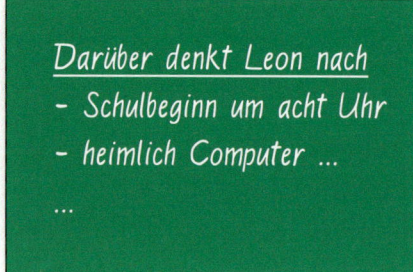

Darüber denkt Leon nach
– *Schulbeginn um acht Uhr*
– *heimlich Computer …*
…

eine Liste

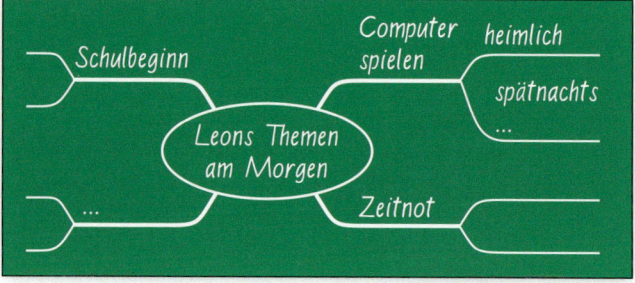

Schulbeginn

Computer spielen   heimlich

spätnachts
…

Leons Themen
am Morgen

…   Zeitnot

eine Mindmap

💬 **7** Welche Meinungen hat Leon zu den verschiedenen Themen?
Ergänzt an der Tafel.

➡️ Leon meint, dass …

📖 **Die Klasse diskutiert über Leons Themen.**

Aber das ist doch blöd!
Dann nimm dir doch
weniger vor.

Wenn die Schule
später anfangen würde,
hätte ich am Nachmittag
gar keine Zeit mehr.

Der hat Sorgen!
Ich wäre froh, wenn mir
einer Frühstück machen
würde.

Wenn ich meinen
eigenen Laptop hätte, würde
ich auch die ganze Nacht
im Netz sein.

Hausaufgaben
abschreiben bringt doch
auch nichts.

8
- Welche Meinungen haben die Jugendlichen?
- Welche Meinungen sind sachlich formuliert? Welche nicht?
- Welche Meinungen werden begründet?

Ihr könnt nun selbst diskutieren.

W **9** a. Wählt ein Thema aus:

> Ist es fair, dass die Mutter Leon mit einem Eispack weckt?
> Sollten Jugendliche selber entscheiden dürfen,
> wie lange sie Computer spielen?
> Sollte die Schule später beginnen?
> Sollten Jugendliche einen eigenen Fernseher im Zimmer haben?
> …

b. Führt eine kurze Diskussion.
- Tragt eure Meinungen sachlich vor.
- Begründet eure Meinungen.
- Veranschaulicht eure Gründe mit Beispielen.

> Meinung
>
> Grund
>
> Beispiel

10 a. Wertet eure Diskussion aus:
- Wart ihr immer sachlich?
- Habt ihr eure Meinungen begründet?
b. Wählt zwei bis drei eurer Meinungen aus.
c. Sammelt zu jeder Meinung viele Gründe.
d. Findet zu den Gründen Beispiele.

Regeln helfen, sachliche Diskussionen zu führen.

W **11** Welche **Regeln für die Diskussion** wollt ihr festlegen?
Gestaltet dazu ein Plakat. Wählt aus:
- Sammelt eigene Regeln.
- Oder lest in **Wissenswertes auf einen Blick** nach.
- Oder wählt aus den folgenden Vorschlägen aus und
  formuliert daraus Regeln.

→ Wissenswertes auf einen
Blick: Seite 286–307

• niemanden auslachen	• klar und deutlich sprechen
• nur zum Thema sprechen	• Meinungen sachlich formulieren
• genau zuhören	• andere Meinungen einbeziehen
• Meinungen mit Argumenten begründen	• eine Diskussionsleiterin oder
• niemanden beleidigen	einen Diskussionsleiter wählen
• sich gegenseitig ausreden lassen	• Beispiele nennen
• eine Sitzordnung festlegen	• die anderen beim Sprechen ansehen

Sachliche Diskussionen führen

In diesem Kapitel habt ihr gelernt, eine sachliche Diskussion zu führen und dabei bestimmte Regeln einzuhalten.

W 💬 **1** Wählt ein Thema für eure Diskussion aus:
- Wählt ein eigenes Thema aus.
- Oder wählt ein Thema aus den Vorschlägen aus:

> **A** Das Tierheim muss wahrscheinlich schließen. Es hat kein Geld mehr. Wie könnt ihr Spenden sammeln?

> **B** Einige von euch wollen einen „Tag ohne Technik" im Monat einführen. Oder einen „Tag ohne Fleisch" oder einen „Tag des Buches" oder ...
> Diskutiert die Gründe dafür und dagegen.

👥 **2** Sprecht über das gewählte Thema.
- Tauscht kurz eure Meinungen aus.
- Begründet eure Meinung.
- Findet Beispiele zu euren Gründen.
- Schreibt Stichworte auf Karteikarten.

> Meinung
> Grund
> Beispiel

💬✏ **3** a. Lest noch einmal eure **Regeln für die Diskussion**.
b. Schreibt eine Checkliste.

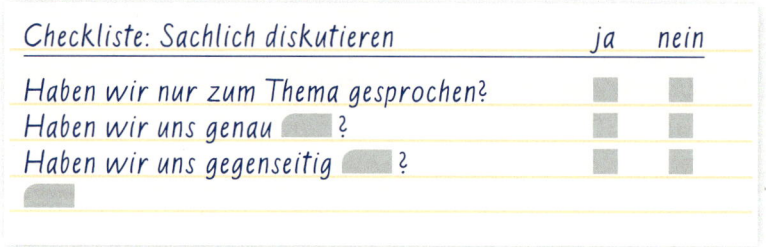

Checkliste: Sachlich diskutieren	ja	nein
Haben wir nur zum Thema gesprochen?	▪	▪
Haben wir uns genau ▨ ?	▪	▪
Haben wir uns gegenseitig ▨ ?	▪	▪
▨		

💬 **4** a. Führt die Diskussion.
Beachtet dabei eure **Regeln für die Diskussion**.
b. Wertet die Diskussion mit Hilfe der Checkliste aus.
Tipp: Schreibt Tipps für eure nächste Diskussion auf.
Ergänzt auch euer Plakat mit den Regeln.

Ideen für den Klassenrat

Falsche Worte können eine gute Diskussion stören.

| 4 | Na, das ist mal wieder typisch: Immer nur an den eigenen Vorteil denken! |

| 1 | Das haben wir doch schon tausendmal durchgekaut! |

| 2 | Mit dir kann man doch sowieso nicht reden. |

| 3 | Musst du immer so superzickig reagieren? |

1 • In welchen Situationen könnten diese Sätze gefallen sein?
  • Wer könnte sie zu wem gesagt haben?
  • Warum stören diese Sätze eine Diskussion?

2 Warum heißen solche Sätze **Killerphrasen**[1]?

[1] **to kill** (englisch): töten
die Phrase: eine Redewendung

**Im Klassenrat könnt ihr gemeinsam beraten,
was ihr gegen Killerphrasen tun könnt.**

3 Organisiert einen Klassenrat.
Die Hinweise in der Arbeitstechnik helfen euch dabei.

W 4 Was könnt ihr gegen **Killerphrasen** tun?
Sammelt gemeinsam Ideen und diskutiert sie.
  • Sprecht über eigene Erfahrungen.
  • Oder formuliert die **Killerphrasen** um.
  • Oder überlegt euch witzige Antworten auf **Killerphrasen**.
  • Oder schreibt zehn Mutmacher-Sätze oder Komplimente
    auf ein Plakat.

⚙ Arbeitstechnik

Diskutieren im Klassenrat

• Schreibt auf einzelne **Zettel**, über welche **Probleme** oder **Themen**
  ihr sprechen wollt.
• Sammelt eure Zettel in einem **Ideenkasten**.
• Wählt vor jedem Klassenrat eine **Präsidentin**/einen **Präsidenten**[2].
  Sie/Er **eröffnet** den Klassenrat und **leitet** das Gespräch oder
  die **Abstimmung**.
• Beratet zuerst über die **Reihenfolge** der Themen.
• Schreibt die **Ergebnisse** der **Diskussion** auf.
• Wenn nötig, **fragt** eure Lehrerin oder euren Lehrer **um Rat**.

[2] **die Leiterin**/
der Leiter

Auf der Klassenfahrt: Mein Koffer ist weg!

Die Klassenfahrt ist zu Ende. Samira und Tom müssen ihre Koffer packen. Jeder ruft:

Mein Koffer ist weg!

Ich finde **meine** Hose nicht.

Ich vermisse **mein** Handy!

Ich suche **mein** Buch.

 1 a. Schreibe die Sprechblasen ab.
   b. Markiere alle **mein**, **meine**.

So geht es Samira:

1 Samira stellt fest, dass ihr Koffer fehlt.
2 Sie vermisst ihr Handy und sucht ihr Buch.
3 Sie findet ihre Hose nicht.
4 Es fehlt ihre CD.

 2 Was erlebt Samira?

   a. Schreibe die Sätze ab.
   b. Markiere alle **ihr**, **ihre**.

Tom geht es wie Samira:

1 Tom stellt fest, dass sein Koffer fehlt.
2 Er vermisst sein Handy und sucht sein Buch.
3 Er findet seine Hose nicht.
4 Es fehlt seine CD.

 3 Was erlebt Tom?

   a. Schreibe die Sätze ab.
   b. Markiere alle **sein**, **seine**.

> Manche Wörter sagen, **wem etwas gehört**:
>
> Das ist **mein** Koffer. Das ist **dein** Koffer.
> Das ist **ihr** Koffer. Das ist **sein** Koffer.

Jana findet die Sachen von Samira. Sie sagt zu Samira:

> Guck mal, da ist **dein** Koffer.

> Da ist **deine** Hose.

> Im Bett liegt **dein** Handy.

> Und hier ist **dein** Buch.

 4 a. Schreibe die Sprechblasen ab.
   b. Markiere alle **dein**, **deine**.

So geht die Klassenfahrt für Samira und Tom zu Ende.

 5 Bilde Sätze. Schreibe sie auf.

>>> Samira / Sie:
ihr – ihre – ihren

Tom / Er:
sein – seine – seinen

Samira Sie Tom Er	findet entdeckt sieht	ihr sein	Buch Handy	im Bett. auf dem Tisch.
		ihre seine	Hose CD	im Schrank. unter dem Bett.
		ihren seinen	Schlüssel Ball	neben dem Stuhl. unter dem Kissen.

| Zufrieden Erleichtert | packt | Samira Tom | ihren seinen | Koffer. |

| Dann Nun | muss | sie er | sich beeilen: | Der Bus | steht schon bereit! hupt ungeduldig! |

| Eilig Hastig | nimmt schnappt | Samira Tom | ihren seinen | Koffer. |

| Sie Er | rennt rast stolpert | mit | ihrem seinem | Koffer Gepäck | aus dem Zimmer. die Treppe runter. |

Dabei	verliert vergisst	Samira Tom	ihr sein	Buch. Handy.
			ihre seine	Hose. CD.
			ihren seinen	Schlüssel. Ball.

Training:
Argumentieren und diskutieren

Die Schülerinnen und Schüler möchten ein Buch lesen.
Sie diskutieren darüber, welches Buch sie auswählen möchten.

1 Jan: „Ich finde Harry Potter toll. Den würde ich
2 nochmal lesen."

3 Tobias: „Ja, und dann könnten wir auch die Filme dazu
4 gucken!"

5 Mark: „Harry Potter ist doch schon alt, den kennen
6 doch alle. Außerdem sind die Bände viel zu teuer."

7 Sarina: „Aber einen Fantasy-Roman[1] fände ich gut.
8 Die Tribute von Panem kennt fast niemand.
9 Das ist ein Buch, in dem wirklich viel passiert.
10 Es geht darum, wie die Welt in der Zukunft
11 aussehen könnte."

12 Jan: „Lasst uns lieber ein Sachbuch über die Zukunft
13 lesen, wie Die nächste GENeration.
14 Da ist nicht alles bloß ausgedacht und trotzdem
15 ist es spannend und man lernt eine Menge."

16 Joschka: „Ich habe noch ein witziges Sachbuch zu Hause:
17 Wie man mit einem Schokoriegel
18 die Lichtgeschwindigkeit misst. Da kann man
19 ganz lustige Experimente machen."

20 Sarah: „Ich möchte ein Buch über Computer lesen."

21 Elim: „Was ist denn mit der Chatroom-Falle?
22 Da geht es um zwei Mädchen, die im Internet
23 ein paar Jungs kennen lernen wollen."

24 Arvid: „Die Autorin war selbst mal bei der Kriminalpolizei.
25 Die weiß, worüber sie schreibt! Dann ist es doch
26 auch ein bisschen wie ein Sachbuch!"

[1] **der Fantasy-Roman** [sprich: fäntesi]: ein Buch über eine fantastische,
zauberhafte oder geheimnisvolle Welt

1 Welches Buch findest du interessant?
Begründe deine Meinung.

**Sollten die Schülerinnen und Schüler selbst die Bücher
für den Deutschunterricht auswählen?
Oder sollten die Lehrerinnen und Lehrer darüber entscheiden?**

2 Bereitet zu diesem Thema eine Diskussion vor.
- Entscheidet euch für eine Meinung.
- Findet Gründe (Argumente) für eure Meinung.
- Findet Beispiele für eure Gründe.

Meinung
Grund
Beispiel

3 Führt die Diskussion.
Tipp: Wählt eine Diskussionsleiterin oder
einen Diskussionsleiter.

4 Wertet eure Diskussion aus:
- Wart ihr immer sachlich?
- Habt ihr eure Meinung begründet?
- Waren eure Beispiele hilfreich?

Z **Wenn ihr aufmerksam zuhört, vermeidet ihr Missverständnisse.**

Tipps zum aktiven Zuhören

Sieh deinen Partner an.

Wende dich deinem Partner zu.

Höre genau zu.
Unterbrich deinen Partner nicht.

Konzentriere dich auf das Wichtige.

Frage, ob du alles richtig verstanden hast.

Z 5 Gestaltet mit den Tipps zum aktiven Zuhören
ein Plakat für euer Klassenzimmer.

→ Ein Plakat gestalten:
Seite 297

Wasser, das man nicht

Auf den Bildern siehst du verschiedene Produkte, zum Beispiel ein T-Shirt oder eine Tüte Chips. In allen diesen Produkten ist viel Wasser „versteckt": Wasser, das nicht zu sehen ist. Wie viel Wasser darin ist, sagen die blauen Zahlen.

??? Liter

2455 Liter

4100 Liter

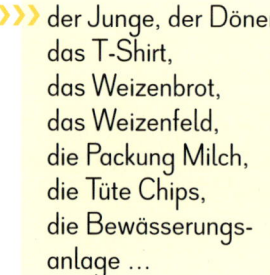

In jedem Produkt ist viel Wasser!

Wieso? Das T-Shirt ist doch trocken!

💬 **1** a. Was seht ihr auf den Bildern? Beschreibt.
b. Was lest ihr unter den Bildern und in den Sprechblasen? Besprecht.

💬 **2** Wo könnt ihr Wasser erkennen?

》》》 der Junge, der Döner, das T-Shirt, das Weizenbrot, das Weizenfeld, die Packung Milch, die Tüte Chips, die Bewässerungs- anlage ...

sieht

3

1600 Liter

4

??? Liter

1000 Liter   13 Liter   185 Liter

💬 **3** Wie kommt das Wasser in die Produkte?
Vermutet.

➡️ Ich glaube, dass …
Ich vermute, dass …
Wahrscheinlich kommt das Wasser in die Produkte, weil …

185 Liter Wasser
in einer Tüte Chips?

In diesem Kapitel informiert ihr euch und andere über Wasser, das in Produkten versteckt ist.

So viel Wasser in den Produkten!

Für die Herstellung von Produkten benötigt man viel Wasser.
Man sieht es nicht.

 1 a. Seht euch die Bilder an.
b. Sammelt Fragen.

>>> Wie kommt …?
Woher …?
Warum …?
Wann …?

1000 Liter   4100 Liter   185 Liter   2455 Liter

2 • Worüber staunt ihr?
• Was bedeuten wohl die versteckten Wassertropfen 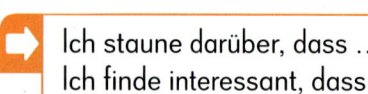?

➡ Ich staune darüber, dass …
Ich finde interessant, dass …

Bis man eine Tomate ernten kann, wird viel Wasser verbraucht.
Man sagt: In einer Tomate stecken 13 Liter Wasser.
Dieses Wasser kann man nicht sehen.
Deshalb nennt man es virtuelles Wasser.

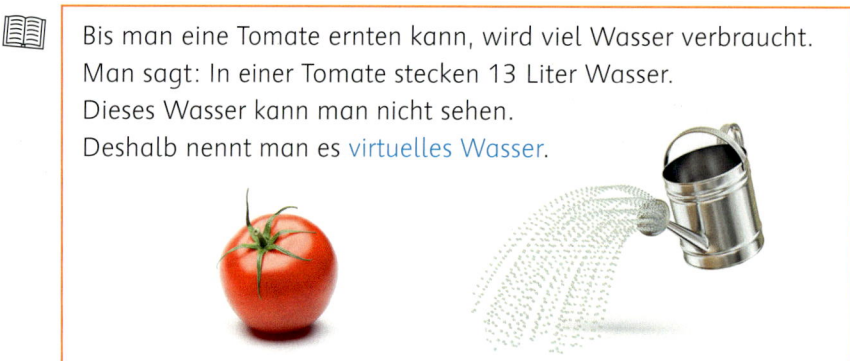

3 Wieso sagt man: In einer Tomate stecken 13 Liter Wasser?
Erklärt.

4 a. Lest noch einmal die blauen Zahlen auf den Seiten 30 und 31.
b. Über welche Wassermengen (Liter) staunt ihr am meisten?
c. Wofür wurde wohl jeweils so viel Wasser benötigt?
Sprecht über eure Vermutungen.

Badewannen-Rechnungen

Wie viel sind eigentlich 1000 Liter?

5 Wo passen 1000 Liter hinein: in ein Schwimmbad, in fünf Badewannen oder in 10 Eimer? Schätzt.

In eine mittelgroße Badewanne passen 200 Liter Wasser.

 6 Welches Produkt enthält die Wassermenge von fünf Badewannen?

    a. Rechne die Wassermenge aus.
    b. Finde das Produkt auf Seite 32.

Du verbrauchst jeden Tag 4000 Liter virtuelles, also verstecktes Wasser.

 7 a. Wie viele Badewannen musst du für 4000 Liter virtuelles Wasser zeichnen? Rechne aus.
    b. Welche Produkte benutzt du täglich und verbrauchst dadurch virtuelles Wasser? Schreibe auf.

⟩⟩⟩ der Kakao, das Obst, das Frühstück, die Pizza, das Schulheft, die Jeans, mit dem Bus fahren, Fußball spielen …

Z Du verbrauchst jeden Tag außerdem rund 130 Liter reales, also sichtbares Wasser.

 8 a. Wie viele Badewannen musst du für 130 Liter reales Wasser zeichnen? Rechne aus.
    b. Wofür verbrauchst du jeden Tag reales Wasser? Schreibe auf.

⟩⟩⟩ auf die Toilette gehen, sich waschen, trinken …

Einen Sachtext mit dem Textknacker lesen

Der folgende Sachtext informiert darüber, warum in einem T-Shirt und in einem Döner so viel virtuelles Wasser steckt.

1. Schritt: Vor dem Lesen

 1 a. Sieh dir die Bilder an.
b. Lies die Überschrift.
c. Worum könnte es in dem Sachtext gehen? Vermute.

2. Schritt: Das erste Lesen

2 a. Zähle die Absätze.
b. Lies die hervorgehobenen Schlüsselwörter.
c. Überprüfe deine Vermutung von Aufgabe 1c.

3. Schritt: Den Text genau lesen

3 Lies den ganzen Text – Absatz für Absatz.

📖 Virtuelles Wasser ist verstecktes Wasser

1 Wasser ist für Menschen und Tiere lebensnotwendig.
2 Trinkwasser ist wertvoll. Die Vorräte an Trinkwasser
3 auf der Erde sind begrenzt. Deshalb müssen wir
4 mit dem Trinkwasser sparsam umgehen.
5 Jeden Tag verbrauchen wir 130 Liter reales Wasser,
6 zum Beispiel zum Waschen oder Geschirrspülen.
7 Ohne es zu merken, verbrauchen wir jeden Tag aber
8 auch 1500 bis 4000 Liter virtuelles Wasser.
9 Das ist Wasser, das man nicht sehen, nicht fühlen
10 und nicht trinken kann. Es ist Wasser,
11 das in unserer Nahrung, in Kleidung und
12 anderen Dingen versteckt ist.

13 Morgens zieht Tim ein sauberes T-Shirt an.

14 Was hat das T-Shirt von Tim mit Wasser zu tun?

15 Manchmal muss das T-Shirt gewaschen werden.

16 Beim Waschen verbrauchen wir reales Wasser.

17 Was hat das T-Shirt mit virtuellem Wasser zu tun?

18 Das T-Shirt besteht aus Baumwolle. Baumwolle wächst

19 nur, wenn es warm ist. Die Baumwolle braucht aber

20 auch viel Wasser, damit sie wächst. Sie muss bewässert

21 werden. Nach der Ernte wird die Baumwolle gefärbt.

22 Danach wird die Baumwolle mit viel Wasser gespült.

23 Anschließend wird die Baumwolle zum T-Shirt

24 verarbeitet. Insgesamt brauchen wir für die Herstellung

25 von einem T-Shirt mehr als 4000 Liter reales Wasser.

26 Von dem Wasser ist nichts mehr zu sehen. Es ist

27 zu virtuellem Wasser geworden.

28 Nach der Schule hat Tim Hunger. Er holt sich einen Döner.

29 Im Dönerfleisch stecken 2400 Liter virtuelles Wasser.

30 Wie kann das sein? Die Rinder für das Fleisch brauchen

31 viel Futter. Sie fressen oft Soja aus Brasilien.

32 Damit Soja wächst, wird es bewässert. Rinder trinken

33 auch viel Wasser. Dieses reale Wasser ist am Ende

34 im Dönerfleisch nicht mehr zu sehen. Das reale Wasser

35 steckt als virtuelles Wasser im Dönerfleisch.

36 Im Döner liegen Salat-Stückchen und eine Scheibe

37 Tomate. Salat und Tomaten wachsen in Spanien.

38 Dort werden sie bewässert. Die Tomate für den Döner

39 braucht 13 Liter reales Wasser.

40 Auch der Weizen für das Brötchen braucht Wasser.

41 In einem Brötchen stecken bis zu 52 Liter Wasser.

42 Bei der Herstellung von Produkten wird reales Wasser

43 verbraucht. Am Ende sieht man es nicht mehr.

44 Wir bezeichnen es als virtuelles Wasser.

**Der Sachtext besteht aus 7 Absätzen.
Bei den Absätzen stehen Bilder.**

 4 a. Sieh dir noch einmal die Bilder an.
b. Schreibe auf, was du siehst.

> Bild 1: Trinkwasser läuft aus dem Wasserhahn.
> Bild 2: …

W **5** a. Lies jeden Absatz noch einmal genau.
b. Finde für jeden Absatz eine passende Überschrift.
• Wähle Überschriften aus.
• Oder überlege dir selbst Überschriften.
c. • Schreibe zu jedem Absatz die Überschrift auf.
• Schreibe zu jedem Absatz die Schlüsselwörter auf.

Tomaten und Wasser   Wasser zum Waschen

Virtuelles Wasser   Brötchen und Wasser

Baumwolle braucht Wasser   Wasser im Dönerfleisch

Zusammenfassung: Virtuelles Wasser

> 1. Absatz: Virtuelles Wasser
> Wasser, lebensnotwendig …

**Manche Texte sind schwer zu verstehen.
Sie enthalten unbekannte Wörter.**

Z **6** a. Schlage die Bedeutung dieser Wörter nach:

die Baumwolle, das Soja, die Herstellung, bewässern

b. Schreibe die Wörter und ihre Bedeutung auf.

〉〉〉 im Lexikon,
im Internet …

Du hast den Text Absatz für Absatz gelesen.
Jetzt kannst du die wichtigen Informationen aufschreiben.

4. Schritt: Nach dem Lesen

 7 Wie viel virtuelles Wasser steckt in Tims T-Shirt und im Döner?
Schreibe eine Liste.

 Virtuelles Wasser
in einem T-Shirt: … Liter
in einem Döner: … Liter
in einer Tomate: … Liter
im Brot des Döners: … Liter

W 🖊 **8** Warum steckt in Produkten so viel virtuelles Wasser? Erkläre.
Schreibe einen kurzen Text.
Verwende deine Ergebnisse von Aufgabe 4 bis 7. Wähle aus:
• Nimm ein T-Shirt als Beispiel.
• Oder nimm einen Döner als Beispiel.

Bei der Herstellung	von Produkten von Dingen	wird viel Wasser	verbraucht. benötigt.

Dieses Wasser ist	am Ende	nicht mehr zu sehen.
	in den Produkten	versteckt.

Wir nennen	es dieses Wasser	virtuelles Wasser.

In einem T-Shirt In einem Döner	stecken insgesamt	… Liter	virtuelles Wasser.

Das T-Shirt		gefärbt. gespült.
Die Baumwolle für das T-Shirt Das Soja für das Rinderfutter	wird	künstlich bewässert.

Die Rinder	trinken brauchen	viel Wasser.

Deshalb stecken	in einem T-Shirt im Dönerfleisch in einer Tomate in einem Brötchen	… Liter	virtuelles Wasser.

Folien zu einem Sachtext gestalten

Mit einer Folie kannst du andere über ein Thema informieren.
Hier lernst du, wie du eine Folie am Computer gestalten kannst.

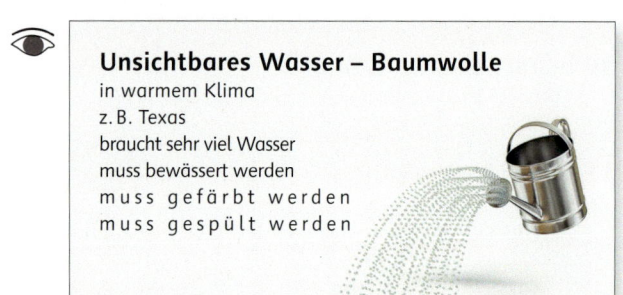

Unsichtbares Wasser – Baumwolle
in warmem Klima
z. B. Texas
braucht sehr viel Wasser
muss bewässert werden
muss gefärbt werden
muss gespült werden

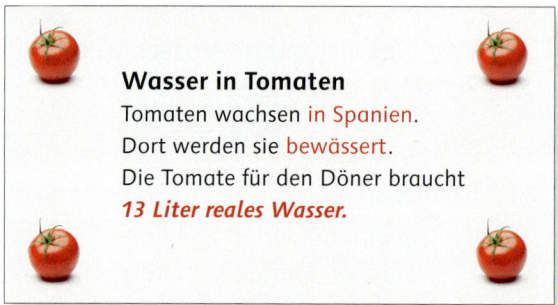

Wasser in Tomaten
Tomaten wachsen in Spanien.
Dort werden sie bewässert.
Die Tomate für den Döner braucht
13 Liter reales Wasser.

1 Vergleicht die Folien:

    a. Worüber informieren sie?

    b. Was gefällt euch an der Gestaltung gut?
       Was würdet ihr anders machen?

Ihr könnt selbst diese Folie am Computer gestalten.

2 a. Öffnet ein Präsentations-Programm am Computer.
    b. Schreibt die Überschrift **Virtuelles Wasser**.
    c. Schreibt darunter wichtige Informationen in Stichworten.

3 Gestaltet die Folie.
Beachtet eure Verbesserungsvorschläge von Aufgabe 1.
Beachtet auch die **Checkliste: Eine Folie gestalten**.

Checkliste: Eine Folie gestalten

– Wir verwenden nur wenige Schriftarten (höchstens 3).
– Wir verwenden eine große Schrift (ab 24 pt).
*– Wir verwenden besondere Schriften sparsam (**fett**, farbig).*
– Wir ergänzen zum Text passende Bilder.
– Wir lassen zwischen Text und Bild genügend Platz.

**Du kannst eine eigene Folie gestalten zu der Frage:
Wie viel virtuelles Wasser steckt in einer Tomate?**

Zuerst sammelst du wichtige Informationen und passende Bilder.

 4 a. Finde im Sachtext auf Seite 35
die wichtigen Informationen.

→ Zeile 36–39

b. Schreibe Stichworte auf.

→ Stichworte aufschreiben:
Seite 292

 5 a. Finde weitere Informationen.
b. Ergänze deine Stichworte.
c. Finde auch passende Bilder.

⟩⟩⟩ in Büchern, im Internet,
bei Naturschutz-
verbänden …

6 Überlege dir eine Überschrift.

Nun kannst du die Folie am Computer gestalten.

7 a. Öffne ein Präsentations-Programm am Computer.
b. Schreibe die Überschrift.
c. Schreibe darunter wichtige Informationen in Stichworten.
d. Gestalte die Folie.
Beachte die **Checkliste: Eine Folie gestalten**.

→ Seite 38

 8 Übe deine Folien-Präsentation.
Beachte dabei die Arbeitstechnik **Eine Folie präsentieren**.

⚙ Arbeitstechnik

Eine Folie präsentieren

- **Ich stelle mich** so hin, dass ich die **Folie nicht verdecke**.
- Ich versuche, **frei** zu **sprechen**.
- Ich spreche **langsam** und **deutlich**.
- Ich **erkläre** meine **Folie**.
- Ich **zeige** an passenden Stellen **auf die Folie**.
- Ich **beantworte Fragen** aus der Klasse.

➡ Ich habe zum Thema … eine Folie gestaltet.
Das Bild zeigt …
Habt ihr noch Fragen dazu?

---

 9 Präsentiere die Folie deiner Klasse.

Mich und andere informieren

1 Lies den Text. Wende die Schritte vom Textknacker an. → Textknacker: Seite 288

 Der Wasser-Fußabdruck

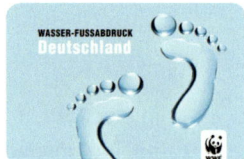

1 Bei der Herstellung von Produkten wird Wasser
2 verbraucht. Dies ist der Wasser-Fußabdruck. Er setzt
3 sich aus drei Teilen zusammen. Wir bezeichnen sie als:
4 – das grüne Wasser
5 – das blaue Wasser
6 – das graue Wasser

Das grüne Wasser

7 Das grüne Wasser kommt als Bodenwasser oder
8 Regenwasser vor. Die Pflanzen entziehen[1] es
9 dem Boden. Ein Teil davon verdunstet[2].
10 Als Regen fällt es wieder auf die Erde.

Das blaue Wasser

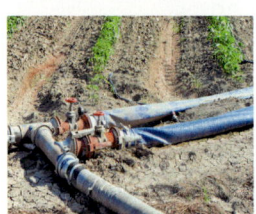

11 Wenn das grüne Wasser nicht ausreicht, werden
12 die Pflanzen künstlich bewässert. Dazu verwendet man
13 Wasser aus Flüssen, Seen oder auch Grundwasser.
14 Die Pflanzen nehmen dieses blaue Wasser auf.

Das graue Wasser

15 Grünes und blaues Wasser bleibt normalerweise sauber.
16 Aber Wasser kann auch verschmutzt werden, zum
17 Beispiel durch Düngemittel oder Pflanzenschutzmittel.
18 Damit das verschmutzte Wasser keinen Schaden
19 anrichten kann, muss es verdünnt werden. Das dafür
20 notwendige Wasser nennen wir graues Wasser.

[1] **etwas entziehen:** etwas wegnehmen
[2] **verdunstet:** Es steigt in Form von sehr kleinen Wassertropfen in die Luft.

 2 Was ist der Wasser-Fußabdruck? Informiere deine Klasse.
Wähle aus:
- Schreibe einen kurzen Informationstext.
- Oder gestalte ein Plakat.
- Oder zeichne eine Grafik.

→ Schreibprofi: Seite 290
→ Ein Plakat oder eine Folie gestalten: Seite 297

Eine Folie gestalten

 Der Wasser-Fußabdruck von Weizenbrot

→ Textknacker: Seite 288

1 Für die Herstellung von einem Kilogramm Weizenbrot

2 werden insgesamt 1600 Liter Wasser verbraucht.

3 Das ist der Wasser-Fußabdruck.

4 Damit der Weizen wächst, entzieht er dem Boden Wasser.

5 Für ein Kilogramm Weizenbrot sind das im Durchschnitt

6 176 Liter grünes Wasser.

7 Außerdem verbrauchen wir 304 Liter blaues Wasser,

8 zum Beispiel wenn der Weizen künstlich bewässert wird.

9 Nach dem Backen müssen die Backstuben gereinigt werden.

10 Das Wasser ist dann verschmutzt und kann so nicht mehr

11 genutzt werden. Wir nennen es graues Wasser.

12 Davon verbrauchen wir für ein Kilogramm Weizenbrot

13 im Durchschnitt 1120 Liter.

**Du kannst eine Folie zum Wasser-Fußabdruck
von Weizenbrot gestalten.**

 3 a. Schreibe die wichtigen Informationen
in Stichworten auf.
b. Finde passende Bilder.

→ Stichworte aufschreiben:
Seite 292

 4 Überlege dir eine Überschrift.

 5 a. Öffne ein Präsentations-Programm am Computer.
b. Schreibe die Überschrift.
c. Schreibe darunter wichtige Informationen in Stichworten.
d. Gestalte die Folie:
• Verwende unterschiedliche Schriftgrößen.
• Hebe wichtige Informationen hervor.
• Ergänze passende Bilder.

 6 Überprüfe die Folie mit Hilfe der **Checkliste:
Eine Folie gestalten**.

→ Seite 38

Du kannst deine Folie der Klasse präsentieren.

Zuerst fülle ich …

Mit realem Wasser könnt ihr viele Versuche machen.
Ein Versuch gibt die Antwort auf die Frage:
Sinkt eine Büroklammer aus Metall in einem Glas mit Wasser?

Das Material:
- 1 Glas Wasser
- 1 Gabel
- 1 Büroklammer aus Metall
- 1 kleines Stück von
  einem Papiertaschentuch

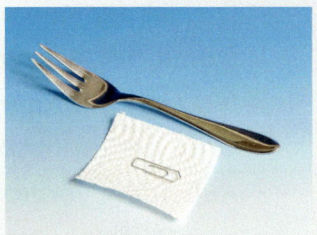

Die Durchführung:
Ich fülle das Glas mit Wasser.
Ich lege die Büroklammer
auf ein Stück Papiertaschentuch.
Ich lege das Papiertaschentuch mit der Büroklammer
auf eine Gabel.
Ich setze das Papiertaschentuch mit der Büroklammer
auf das Wasser.

Das Ergebnis:
Das Papier sinkt zu Boden.
Die Büroklammer schwimmt auf dem Wasser.

Die Erklärung:
Das Papier saugt sich mit Wasser voll.
Es sinkt zu Boden.
Die Oberflächenspannung vom Wasser trägt
die Büroklammer.

 **1** Probiert den Versuch aus.

    a. Legt das Material bereit.
    b. Führt den Versuch gemeinsam durch.

**Bei einem Versuch ist es wichtig,
die Schritte in der richtigen Reihenfolge durchzuführen.**

**Ihr könnt die Durchführung so umschreiben,
dass die Reihenfolge deutlich wird.**

 2 Lest die Sätze. Ergänzt passende Satzanfänge.

 fülle ich das Glas mit Wasser.

lege ich die Büroklammer
auf ein Stück Papiertaschentuch.

lege ich das Papiertaschentuch
mit der Büroklammer auf eine Gabel.

setze ich das Papiertaschentuch
mit der Büroklammer auf das Wasser.

>>> Als Erstes
Danach
Dann
Schließlich
Zuerst
Zum Schluss

3 a. Schreibe die vollständigen Sätze auf.
b. Markiere alle Verben.

➡ Zuerst fülle ich ...

**Niko und Anna haben den Versuch mit einer Nähnadel
ausprobiert. Sie haben die Durchführung beschrieben.
Aber die Reihenfolge ist durcheinander.**

 4 Was müsst ihr nacheinander tun?
Ordnet die Sätze in die richtige Reihenfolge.

Dann lege ich die Nähnadel
auf ein Stück Papiertaschentuch.
Zuerst fülle ich das Glas mit Wasser.
Danach lege ich das Papiertaschentuch
mit der Nähnadel auf eine Gabel.
Zum Schluss setze ich das Papiertaschentuch
mit der Nähnadel auf das Wasser.

Achtung:
Fehler!

5 a. Schreibe die Sätze geordnet auf.
b. Markiere alle Verben.

Training: Eine Grafik erschließen

Wie viel reales Wasser wird in Deutschland zu Hause verbraucht?
Die Antwort findest du in dem folgenden Säulen-Diagramm.

 1 a. Lies die Überschrift.
 b. Was ist das Thema vom Diagramm?
Schreibe auf.

>  Das Diagramm zeigt …

 2 a. Sieh dir die Form () von dem Diagramm an.
b. Lies die Beschriftungen der Achsen (↑→).
c. Lies die Quelle unter dem Diagramm.

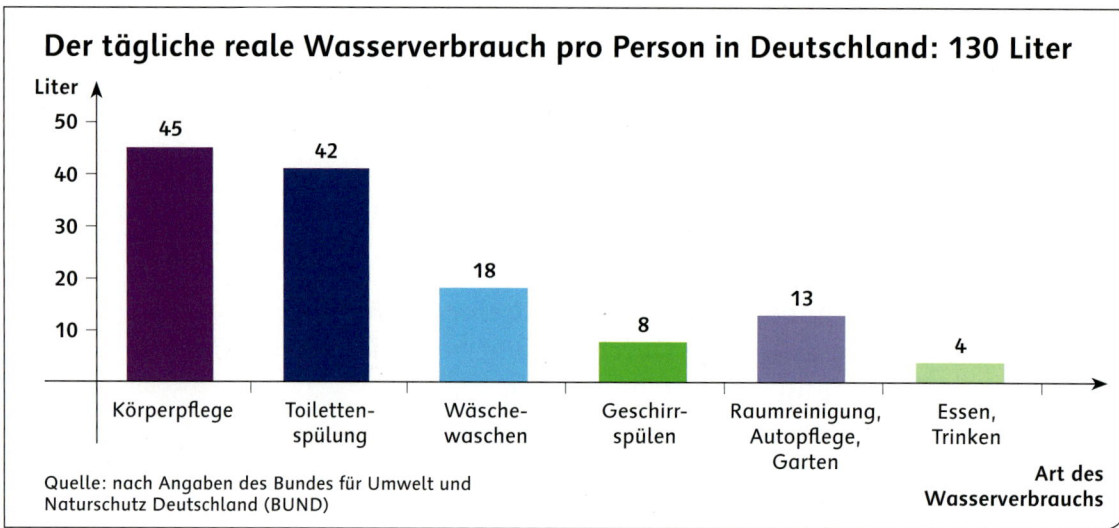

Der tägliche reale Wasserverbrauch pro Person in Deutschland: 130 Liter

Liter

Körperpflege	45
Toiletten-spülung	42
Wäsche-waschen	18
Geschirr-spülen	8
Raumreinigung, Autopflege, Garten	13
Essen, Trinken	4

Quelle: nach Angaben des Bundes für Umwelt und Naturschutz Deutschland (BUND)

Art des Wasserverbrauchs

Du hast das Diagramm genau betrachtet und die Beschriftung gelesen.

 3 Beantworte folgende Fragen. Schreibe auf.

> • Welche Form hat das Diagramm?
> • Worüber informiert das Diagramm?
> • Von wem sind die Zahlen im Diagramm?

> Bei dem Diagramm handelt es sich um ein …
> Es informiert über …
> Die Zahlen in dem Diagramm sind veröffentlicht von …

Beim Säulen-Diagramm gilt:
Je höher eine Säule ist, umso größer ist die Menge.

  4 a. Sieh dir die Säulen an.

b. Wofür verbrauchen wir **am meisten** Wasser?
Wofür verbrauchen wir **am wenigsten**?
Schreibe auf.

 Am meisten Wasser verbrauchen wir …
Am wenigsten Wasser …

Die Zahl bei jeder Säule gibt an, wie groß die Menge ist.

  5 a. Lies die Zahlen über den Säulen.

b. Zeichne eine Tabelle in dein Heft.

c. Ordne die Informationen aus dem Diagramm
in die Tabelle ein.
Beginne mit dem größten Wasserverbrauch.

→ Eine Tabelle zeichnen:
Seite 292

der Rang	der Wasserverbrauch	Wofür?
1.	45 Liter	Körperpflege
2.	…	…

  6 a. Sieh dir das Diagramm noch einmal an.

b. Was fällt dir besonders auf? Was überrascht dich?
Schreibe auf.

 Mich überrascht, dass …
Ich finde erstaunlich, dass …
Besonders auffallend finde ich …

 7 Wie kannst du reales Wasser sparen?
Überlege dir Tipps zum Wassersparen.
Schreibe auf.

Spieglein, Spieglein an

Spieglein, Spieglein an der Wand …

Fast jeder Mensch sieht täglich in den Spiegel.

 1
- Was seht ihr auf den Bildern 1 bis 8?
- Wer sieht jeweils in den Spiegel?
- Was sehen die Personen im Spiegel?
- Worüber wundert ihr euch?

eine Tänzerin,
eine Familie aus
einem Comic,
eine Königin,
ein Geschäftsmann …

die Glatze, ähnlich,
anders, böse, dick,
dünn, erfolgreich,
kritisch, normal …

der Wand ...

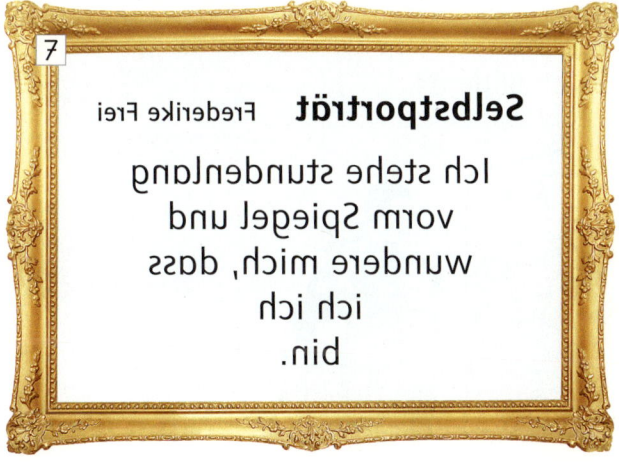

Selbstporträt Frederike Frei

Ich stehe stundenlang
vorm Spiegel und
wundere mich, dass
ich
bin.

Auch ihr seht täglich in den Spiegel.

 2 • Wann seht ihr in den Spiegel?
• Warum seht ihr in den Spiegel?
• Was seht ihr im Spiegel?

 3 Wie wirkt das Gedicht 7 auf euch?

>>> komisch, seltsam,
überraschend ...

**In diesem Kapitel denkt ihr über euch und andere Menschen
nach. Ihr lest Geschichten, beschreibt Personen und
schreibt eigene Texte über die Personen oder euch selbst.**

Zu Spiegelbildern schreiben

Spiegel zeigen die Wahrheit.
Spiegel können auch Träume und Wünsche zeigen.

1 **a.** Was drücken die beiden Gesichter aus?
Beschreibt.
b. Sind die beiden zufrieden mit ihrem Spiegelbild?

>>> die Zufriedenheit,
die Zweifel,
das Hinterfragen …

2 Welche Wünsche oder Träume haben
die Personen auf den folgenden beiden Bildern?

W ✎ **3** **a.** Wähle ein Bild und eine Person aus.
b. Was könnte die Person beim Blick
in den Spiegel denken?
Zeichne eine große Gedankenblase und
schreibe die Gedanken hinein.

>>> Ich würde gern …
Ich wünschte,
ich wäre …

Ach, ich wäre so gern …
Wenn ich doch nur …

Das Gedicht auf der Seite 49 ist spiegelverkehrt¹ geschrieben.

¹ spiegelverkehrt:
umgedreht

💬 **4** • Wie könnt ihr euch das Lesen des Gedichts erleichtern?
• Worüber wundert sich **das Ich** in diesem Gedicht?
• Warum wundert sich **das Ich** wohl?
• Wann habt ihr euch über etwas Ähnliches gewundert?

Ｚ ✏ **5** a. Zeichne einen großen Spiegel auf ein Blatt Papier.
b. Schreibe das Gedicht von Seite 49
in deiner schönsten Schrift hinein.
c. Gestalte das Blatt mit Farben und Bildern.
Tipp: Du kannst auch deine Gedanken zum Gedicht
aufschreiben.

Ｗ ✏ **6** Was siehst du, wenn du in den Spiegel siehst?
Was denkst du? Wähle aus:
• Schreibe Sätze oder einen kurzen Text über deine Gedanken,
Wünsche und Träume.
• Oder zeichne oder fotografiere dich selbst vor dem Spiegel.
Gestalte dann mit den Bildern und Sätzen eine Collage.

Auch Eva und Joshua sehen in den Spiegel.

››› dünn, dick, klein, groß,
sportlich, attraktiv …

Ｗ ✏ **7** Wie sehen Eva und Joshua in Wirklichkeit aus?
Und welches Wunschbild sehen sie im Spiegel?

a. Wähle Eva oder Joshua aus.
b. Schreibe einen kurzen Text über die Person.

➡ Eva sieht in Wirklichkeit … aus.
Ihr Wunschbild im Spiegel zeigt …

Einen Jugendbuchauszug lesen

**An manchen Tagen gefällt uns unser Spiegelbild,
an anderen Tagen nicht. Was sieht Eva im Spiegel?**

1 Lies den Auszug aus dem Jugendbuch **Bitterschokolade**.
Wende die Schritte vom Textknacker an.

→ Textknacker: Seite 288

 Eva   nach Mirjam Pressler

1 Eva stand im Badezimmer vor dem Spiegel.

2 Eva ging ganz nah ran. Sie starrte sich in die Augen,

3 graugrün waren ihre Augen. Eva wurde schwindelig.

4 Sie trat einen Schritt zurück und sah wieder ihr Gesicht.

5 Mutters Lippenstift lag da. Eva nahm ihn und

6 malte ein großes Herz um dieses Gesicht im Spiegel.

7 „Du bist gar nicht so übel", sagte sie. Das Gesicht im

8 Spiegel lächelte. „Du bist Eva", sagte sie. Die Nase war

9 ein bisschen zu lang. „Das ist Evas Nase", sagte Eva.

10 Sie öffnete ihren Pferdeschwanz. Sie zog sich

11 mit dem Kamm einen Scheitel in der Mitte.

12 So war es richtig. Würde es Michel gefallen?

13 Aber sie sah wirklich nicht schlecht aus, ein bisschen

14 auffällig, aber nicht schlecht. Sie war dick.

15 Aber es musste doch auch schöne Dicke geben.

16 Und was war das überhaupt: schön? Waren nur

17 die Mädchen schön, die so aussahen wie die auf

18 den Fotos einer Modezeitschrift? Worte fielen ihr ein,

19 wie langbeinig, schlank, zierlich. Sie musste lachen,

20 als sie an die Frauen auf alten Bildern dachte,

21 voll, üppig, schwer. Eva lachte. Dann geschah es.

22 Das Fett war nicht weg. Es war ganz anders,

23 als sie erwartet hatte, dass es sein würde.

24 Eigentlich geschah nichts Sichtbares, und trotzdem war sie

25 plötzlich die Eva, die sie sein wollte. Sie lachte.

26 Sie konnte nicht mehr aufhören zu lachen und sagte:

27 „Wie ein Sommertag sehe ich aus."

Eva betrachtet sich lange im Spiegel.
Dabei gehen ihr viele Gedanken durch den Kopf.

 2 Was gefällt Eva an sich selbst?
Was gefällt ihr wohl nicht?

    a. Finde die passenden Textstellen.
    b. Schreibe sie heraus.

> Eva gefallen ihre Augen (Zeile 2–3).
> Ihr gefällt nicht …

Du kannst Evas Spiegelbild beschreiben.

 3 Wie sieht Eva auf Bild **2** aus?
Beschreibe Eva in Stichworten.
Die folgenden Fragen helfen dir dabei:
- **Wie** sieht die Person **insgesamt** aus?
- **Wie** sieht das **Gesicht** aus?
- **Wie** sehen die **Haare** aus?
- **Wie** sieht die **Kleidung** aus?
- **Was fällt** dir an der Person **besonders auf**?
- **Wie wirkt** die Person auf dich?

> So sieht Eva aus:
> Eva …
> die Augen: …
> die Haare: schulterlang …

>>> wie aus einer anderen Zeit, dunkel, geblümt, glänzend, hell, kurz, lang, seidig, wunderschön …

In Absatz 3 des Textes lacht Eva über einen Gedanken.

 4 **a.** Findet die Textstelle. Lest sie vor.
    b. Worüber lacht Eva?

Im letzten Absatz des Textes vergleicht sich Eva
mit einem Sommertag.

 5 **a.** Findet die Textstelle.
    b. Was könnte Eva damit meinen?
       Wie stellt ihr euch einen Sommertag vor?

Einen zweiten Jugendbuchauszug lesen

Und was sieht Joshua in seinem Spiegelbild?

1 Lies den Auszug aus dem Jugendbuch **Drei Freunde**.
Wende die Schritte vom Textknacker an.

→ Textknacker: Seite 288

 Joshua   nach Myron Levoy

1 Es war Anfang Mai, und langsam kam die Zeit wieder,
2 wo man zum Baden an den See gehen konnte.
3 Joshua Freeman betrachtete sich in dem großen Spiegel
4 an der Wand: seinen schmalen Körper,
5 das Gesicht mit den großen, dunklen Augen,
6 die herabhängenden Arme. Wieso sollte sich denn
7 überhaupt ein Mädchen was aus ihm machen.
8 Er würde dieses Jahr wieder nicht an den See gehen.

9 „Joshua!" Es war die Stimme seiner Mutter, die ihn
10 von unten rief. Er spannte die Armmuskeln an und sah,
11 wie sich seine beiden Bizepse¹ leicht wölbten,
12 aber sie waren dünn und sehnig, ohne Kraft.
13 Ja, er hatte nicht genug Kraft, er bewegte sich
14 zu ungeschickt. Er hatte verzweifelt versucht,
15 Basketball und Tennis zu spielen und einen richtigen
16 Hechtsprung² hinzukriegen. Wenn andere Jungen
17 vom Steg in den See sprangen, dann glitten sie immer
18 kerzengerade und elegant wie Wurfmesser durch die Luft.
19 Joshua hatte ihnen oft voller Neid zugeschaut.

20 Er würde nie eine Freundin haben.
21 Sie würden ihn auslachen. Witze machen. Schrecklich.
22 „Joshy!", rief seine Mutter nochmal.
23 „Ich schlaf noch!", rief er zurück. „Komm jetzt bitte runter!"
24 „Ich kann jetzt nicht! Ich bin mitten in einem wichtigen
25 Traum!" Ja. In einem Alptraum, dachte er.
26 Und dieser Alptraum war sein Körper.

¹ der Bizeps – die Bizepse: ein Muskel am Oberarm
² der Hechtsprung: Sprung kopfüber ins Wasser

**Joshua betrachtet sich kritisch¹ im Spiegel.
Dabei gehen ihm viele Gedanken durch den Kopf.**

 2 Was gefällt Joshua an sich selbst?
Was gefällt ihm nicht?

    a. Finde die passenden Textstellen.
    b. Schreibe sie heraus.

> Joshua gefällt an sich selbst …
> Ihm gefallen … nicht, weil …

Joshua will auch in diesem Jahr nicht an den See gehen.

 3 **a.** Warum genau will Joshua nicht an den See?
      Lest noch einmal die Textstelle.
    b. Könnt ihr Joshuas Entscheidung verstehen?
      Begründet.

→ Zeile 3–7

Joshua betrachtet andere Jungen voller Neid, heißt es.

 4 **a.** Sieh dir das Bild auf Seite 54 an.
    b. Lies noch einmal Zeile 9–19.
    c. Beantworte folgende Fragen:
      • Was wünscht sich Joshua?
      • Wovon träumt er?

> Joshua wünscht sich, er würde …
> Joshua träumt von …

Joshua denkt, er sei in einem Alptraum.

 5 **a.** Was ist ein Alptraum? Klärt die Bedeutung.
    b. Was empfindet Joshua in seinem Leben als Alptraum?
      Beschreibt.

Zu den Texten schreiben und spielen

Eva und Joshua erzählen ihrer besten Freundin oder ihrem besten Freund von ihren Gedanken und Gefühlen.

W 🖉 **1** Stelle dir vor, du bist die Freundin / der Freund von Eva oder Joshua.

    a. Wähle aus:
- Schreibe einen Brief an Eva.
- Oder schreibe einen Brief an Joshua.

    b. Schreibe, was dir an der jeweiligen Person gut gefällt.

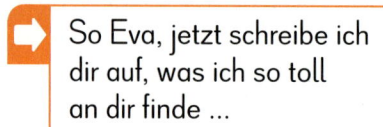
So Eva, jetzt schreibe ich dir auf, was ich so toll an dir finde …

>>> Besonders mag ich an dir …
Du bist ein guter Freund, weil …
Ich bin gerne mit dir zusammen, weil …

freundlich, lustig, nett, offen, tolerant, verständnisvoll …

Lieber Joshua,
ich möchte dir in diesem Brief …

**Eva und Joshua erhalten den Brief.
Was fühlen sie dabei?
Ihr könnt eine kurze Szene spielen.**

 2 **a.** Bildet 3er-Gruppen.
    b. Verteilt die Rollen:
        Joshua (oder Eva), der Spiegel und der Brief-Bote.
    c. Spielt die Szenen vor:
- Joshua (oder Eva) und der Spiegel **stehen sich gegenüber**.
- Joshua (oder Eva) **betrachtet sich kritisch**.
- Der Spiegel **zeigt alle Bewegungen** und **Gesichtsausdrücke**.
- Dann **liest** der Bote langsam den **Brief vor**.
- Joshua (oder Eva) **verändert** entsprechend dem Inhalt vom Brief die **Körperhaltung** und den **Gesichtsausdruck**.
- Der Spiegel **zeigt alles**.

💬 **3** Wertet die Szenen gemeinsam aus.
- Wie haben sich Joshua (oder Eva) und der Spiegel gefühlt?
- Wie hat die Szene auf die Zuschauer gewirkt?

Ihr könnt Eva und Joshua Mut machen. Ihr könnt etwas Positives sagen, zum Beispiel was sie toll können.

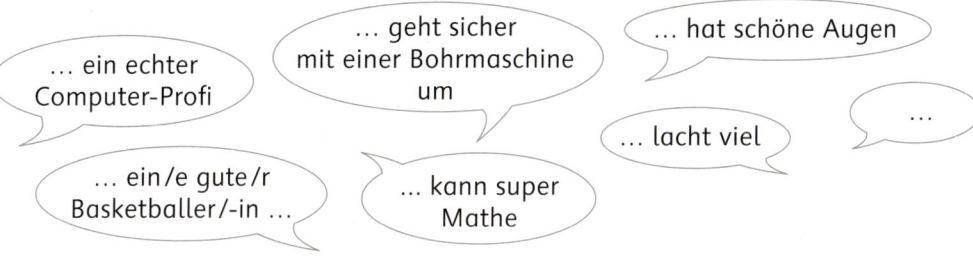

… ein echter Computer-Profi

… geht sicher mit einer Bohrmaschine um

… hat schöne Augen

… lacht viel

…

… ein/e gute/r Basketballer/-in …

… kann super Mathe

4 Was könnt ihr Positives über Joshua und Eva sagen?
- Verwendet die Ideen aus den Sprechblasen.
- Sammelt weitere Vorschläge.

5
a. Bildet 3er- oder 4er-Gruppen.
b. Entscheidet euch für eine Person: Joshua oder Eva.
c. Wählt aus:
   - Möchtet ihr etwas Positives **sagen**?
     Dann spielt ein Gespräch unter Freunden. → Aufgabe 6
   - Oder möchtet ihr lieber **schreiben**?
     Dann gestaltet ein Mut-Plakat. → Aufgabe 7

Ein Gespräch unter Freunden spielen

6
a. Verteilt die Rollen:
   Joshua (oder Eva) und eine Freundin/ein Freund.
b. Spielt das Gespräch:
   - Joshua (oder Eva) sagt einen kritischen Satz über sich.
   - Die Freundin oder der Freund widerspricht mit einem positiven Satz.
   - Die anderen aus der Gruppe unterstützen mit Tipps und Vorschlägen für weitere Sätze.

Ein Mut-Plakat gestalten

7 Gestaltet ein Mut-Plakat für Joshua (oder Eva). → Ein Plakat gestalten: Seite 297

a. Zeichnet Joshua (oder Eva) auf ein großes Blatt, am besten auf A3-Karton.
b. Schreibt um eure Zeichnung Mut-Wörter und Mut-Sätze auf:
   - Was mögt ihr an Joshua (oder Eva)?
   - Worüber soll er (oder sie) sich keine Gedanken machen?

Zu Bildern eine Geschichte schreiben

Was wäre, wenn ...
... sich Joshua und Eva begegneten? ... die beiden sich mögen würden?

Du kannst eine Geschichte über Eva und Joshua schreiben.
Beim Schreiben hilft dir der Schreibprofi.

1. Schritt: Vor dem Schreiben

1 **Was** willst du schreiben?
Schreibe Stichworte auf.

2. Schritt: Beim Schreiben

2 Schreibe nun die Geschichte.
• Verwende deine Stichworte.
• Schreibe zum Schluss eine passende Überschrift auf.

3. Schritt: Nach dem Schreiben

3 a. Kannst du deine Geschichte lesen und verstehen?
b. Überarbeite deine Geschichte.

>>> aus Versehen,
anrempeln, erschrecken,
hinunterfallen,
Telefonnummern
austauschen,
miteinander ins
Gespräch kommen,
verlegen sein,
sich sympatisch finden,
träumen, in Eile sein,
schnell rennen ...

Einen Brief schreiben

Auch du kannst einen Brief an Eva oder Joshua schreiben.

1. Schritt: Vor dem Schreiben

 1 **Für wen** willst du schreiben? Für Eva oder für Joshua?

 2 **Was** willst du schreiben?

    a. Sammle Ideen.
- **Was** findest du **gut** an der Person?
- **Was** **schätzt** du **besonders** an der Person?
- **Was** **machst** du gern mit der Person **zusammen**?

    b. Schreibe Stichworte auf.

➜ Stichworte aufschreiben: Seite 292

2. Schritt: Beim Schreiben

 3 Schreibe nun den Brief auf ein Blatt.
Verwende deine Stichworte von Aufgabe 2.

Liebe Eva, Lieber Joshua,			
ich finde	dein Lachen deine verständnisvolle Art deine Späße deinen Musikgeschmack …	toll.	
Du bist	eine gute Freundin ein guter Freund	, weil	du immer für mich da bist. ich dir vertrauen kann. du mir zuhörst. …
Ich gehe gern mit dir	ins Kino. in den Park. in die Stadt. in das Schwimmbad. …		

3. Schritt: Nach dem Schreiben

 4 **a.** Kannst du deinen Brief lesen und verstehen?
    b. Überarbeite deinen Brief.

Es spiegelte schon in der Steinzeit

Schon immer fanden die Menschen Gefallen daran, sich selbst im Spiegel zu bewundern.

 **Eine glänzende Erfindung**

1 Vielleicht der älteste künstliche Spiegel ist
2 über 8000 Jahre alt. Gefunden wurde er
3 in der heutigen Türkei. Dieser Spiegel besteht
4 aus einem besonderen Gestein. Es heißt Obsidian.
5 Die Urzeitmenschen glätteten die Oberfläche
6 zunächst mit Steinen und polierten sie dann
7 mit Sand. Am Ende war der Stein so glatt,
8 dass er wie ein Spiegel funktionierte.

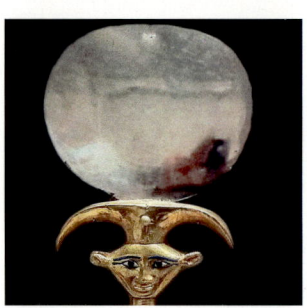

9 Die alten Ägypter erfanden den ersten Spiegel
10 aus Metall. Sie polierten Kupferplatten,
11 bis sie ihr Spiegelbild darin sehen konnten.
12 Heutzutage wird ein Spiegel meist aus Glas hergestellt.
13 Er bekommt die spiegelnden Eigenschaften
14 durch eine Metallschicht.

 1 Beantworte diese Fragen in Sätzen:
- Wo wurden die ersten Spiegel gefunden?
- Wer erfand den ersten Spiegel aus Metall?
- Woraus bestehen Spiegel heute?

 2 In dem Text sind Wortgruppen und Personalpronomen hervorgehoben.

   a. Schreibe die Wortgruppen untereinander auf.
   b. Welche Personalpronomen ersetzen die Wortgruppen?
   Schreibe die passenden Personalpronomen
   neben die Wortgruppen.

 der älteste künstliche Spiegel – er

Die Wörter **ich, du, er/es/sie, wir, ihr, sie** sind
Personalpronomen.
Sie stehen für bestimmte Personen oder Gegenstände.

Der Pharao freute sich über das Geschenk.
Er freute sich.

3 a. Lies die folgenden Sätze.

> **Der Pharao von Ägypten wünschte sich,**
> **einmal sein eigenes Gesicht zu sehen.**
> **Der Pharao bekam einen Spiegel geschenkt.**
>
> **Die Menschen in der Steinzeit kannten keine Spiegel.**
> **Die Menschen sahen ihr Spiegelbild in glatten Seen.**
>
> **Das Gestein Obsidian ließ sich sehr glatt polieren.**
> **Das Gestein wurde deshalb in der Steinzeit**
> **für die Herstellung von Spiegeln benutzt.**

b. Welche Wortgruppen werden in den Sätzen wiederholt?
Ersetze die Wiederholungen
durch passende Personalpronomen.
c. Schreibe die Sätze mit Personalpronomen auf.

  4 a. Lies noch einmal das Gedicht.

Selbstporträt   Frederike Frei

Ich stehe stundenlang
vorm Spiegel und
wundere mich, dass
ich ich
bin.

 b. Schreibe ein eigenes Gedicht.
Verändere dabei das Personalpronomen.
Tipp: Die Verben verändern sich auch.

 Er steht stundenlang …

63

Training: Eine Geschichte überarbeiten

Was wäre, wenn sich Eva und Joshua begegneten? Aylin hat zu den Bildern von Seite 58 eine Geschichte geschrieben. Den Anfang kannst du hier lesen.

Achtung: Fehler!

1 Eines Tages ging Eva wieder in den Park.

2 Eva mochte den Park. Eva lief oft dorthin.

3 Eva setzte sich auf die Bank.

4 Eva hatte sich vorher noch ein Eis gekauft.

5 Dann stand ein Junge vor ihr. Er lächelte sie an und sagte:

6 „Hallo. Ich bin Joshua."

7 Eva wird rot. Sie fragt sich, warum der Junge sie anspricht.

8 Sie ist ja nicht sehr hübsch. Und pummelig ist sie auch.

9 Joshua war auch nervös.

10 Er sprach doch nie ein Mädchen an!

11 Er dachte an den Morgen, als er vor dem Spiegel stand.

12 Joshua fand sich nicht sehr hübsch. Aber das wusste

13 das Mädchen ja nicht. Er hatte nach der Schule keine Lust gehabt,

14 sofort nach Hause zu gehen.

15 Dann stellte sich Eva auch vor. Dann machte sie ihm auf

16 der Bank Platz. Dann aß sie ihr Eis weiter. Dann erzählte er ihr,

17 dass er auf dieselbe Schule ging wie sie. Das war ein Zufall! ...

Aylin möchte ihre Geschichte überarbeiten.

In Absatz 1 verwendet sie oft den Namen Eva.
Das klingt langweilig.

1 *Eines Tages ging Eva wieder in den Park.*

2 *Eva mochte den Park. Eva lief oft dorthin.*

3 *Eva setzte sich auf die Bank.*

4 *Eva hatte sich vorher noch ein Eis gekauft.*

 1 a. Formuliert die Satzanfänge abwechslungsreicher.
Ersetzt dazu **Eva** manchmal durch **sie**.
   b. Schreibt die Sätze neu auf.

Geschichten erzählt man schriftlich meist im Präteritum.
In Absatz 3 hat Aylin das Präsens verwendet.

7 *Eva wird rot. Sie fragt sich, warum der Junge sie anspricht.*

8 *Sie ist ja nicht sehr hübsch. Und pummelig ist sie auch.*

 2 a. Schreibt die Verben aus Absatz 3 untereinander auf.
   b. Schreibt zu jedem Verb die passende Form im Präteritum.
   c. Schreibt die Sätze neu auf.

Im letzten Absatz beginnen viele Sätze mit dann.

 3 a. Wie kann Aylin die Sätze anders formulieren?
Probiert verschiedene Möglichkeiten aus.
   b. Schreibt die Sätze neu auf.

>>> plötzlich, nun, danach, anschließend …

Aylin möchte der Geschichte eine Überschrift geben.

 4 Überlegt euch eine passende Überschrift.
Schreibt sie auf.

5 Schreibe die überarbeitete Geschichte auf.
Verwende die Ergebnisse von den Aufgaben 2 bis 4.

Training: Eine Person beschreiben

Hast du einen Lieblingsstar im Fernsehen?
Was ist so toll an ihm oder ihr?
Hier kannst du üben, deinen Lieblingsstar zu beschreiben.

>>> sympathisch, unsympathisch, freundlich, sehr jung, alt, etwas älter

1 Was fällt dir spontan zu diesen Personen ein?
Schreibe Stichworte auf.

→ Stichworte aufschreiben:
Seite 292

Du beschreibst nun Schritt für Schritt eine Person.

W 2 a. Sieh dir die beiden Personen auf Seite 68 genau an.
b. Wähle aus:
  - Beschreibe den jungen Mann.
  - Oder beschreibe die junge Frau.

3 Wie sieht die Person **insgesamt** aus?
Schreibe Sätze auf.

> ➡ Die Person ist eine Frau / ein Mann.
> Sie/Er ist etwa … Jahre …
> …

》》》 eine Frau, ein Mann
die Figur, groß, klein,
schlank, kräftig,
etwas übergewichtig,
muskulös, zierlich,
modern gekleidet,
gepflegt, schick …

4 Wie sehen das **Gesicht** und die **Haare** aus?
Schreibe weitere Sätze auf.
  - Beschreibe das Gesicht:
    die Form, die Augen, die Nase, den Mund.
  - Beschreibe die Haare:
    die Farbe, die Haarlänge, die Frisur.

》》》 das Gesicht: schmal,
rund, breit …
die Haare: lang, kurz,
schulterlang, braun,
blond, wellig, glatt …
die Nase, der Mund:
groß, schmal, klein …

5 Wie sehen die **Kleidung** und die **Schuhe** aus?
Schreibe weitere Sätze auf.

》》》 Die Person trägt …
hat … an
ist mit … bekleidet.

6 Was fällt dir an der Person **besonders** auf?
Schreibe weitere Sätze auf.

7 Wie **wirkt** die Person auf dich?
Das kannst du am Schluss in ein bis zwei Sätzen
zusammenfassen.

》》》 entspannt, ernst,
glücklich, nachdenklich,
traurig, wütend …

Z 8 Du kannst auch deinen Lieblingsstar beschreiben.
Wende dabei die Arbeitstechnik
Eine Person beschreiben an.

→ Eine Person beschreiben:
Seite 293

Komm auf Touren[1],

[1] **Komm auf Touren:** Fang an! Werde aktiv! Beweg dich!

mein Praktikum

mein Traumberuf

💬 **1** Seht euch die Bilder an.
- Wen seht ihr?
- In welchen Situationen?

💬 **2** Welche Berufe probieren die Jugendlichen aus?

a. Beschreibt die Tätigkeiten.
b. Was wisst ihr über diese Berufe?

›››› der Kindergarten,
die Kindertagesstätte,
die Schreinerwerkstatt,
die Kfz-Werkstatt,
die Schneiderei

du!

4

5

meine Stärken

meine Berufe-Mappe

Was hab ich drauf?	Was hält mich auf?
Schulfächer: Deutsch Englisch	Physik
Eigenschaften: hilfsbereit einfallsreich	ungeduldig
Freizeit: Streetball mit meinem Bruder spielen	selbstständig aufräumen

Ein Rap[1] für dich!

Komm auf Touren, du!
Der Countdown[2] läuft.
Steig jetzt ein
in deine Zukunft.
Zeig deine Power[3],
mach dich schlauer!

[1] **der Rap:** rhythmischer Sprechgesang
[2] **Der Countdown** [sprich: „kaunt'daun] läuft: Die Zeit wird weniger.
[3] **die Power:** die Kraft

3   **a.** Lest die kleinen Texte. Worum geht es?
      b. Die Zeilen **Komm auf Touren, du!** ... sind aus einem Rap-Song. Wer wird in dem Song angesprochen?

In diesem Kapitel entdeckt ihr eure Stärken und denkt über eure Zukunft nach. Ihr sammelt in einer Berufe-Mappe, wie ihr seid und was ihr alles könnt.

Entdecke deine Stärken!

Jeder kann manche Dinge besonders gut. Jeder hat Stärken.
In einem Praktikum kannst du deine Stärken erproben.

1
- In welchen Berufen machen die Jugendlichen ein Praktikum?
- Was tun die Jugendlichen auf den Fotos?
- Wie fühlen sie sich?

>>> beobachten, erklären, erziehen, sägen, trösten, werken, zuschauen …

gestresst, glücklich, interessiert, konzentriert, motiviert, neugierig, stolz, überfordert …

2 Was muss man noch in diesen Berufen tun?

a. Zeichnet eine Tabelle.
b. Ordnet die folgenden Tätigkeiten ein.

T	unterschiedliche Werkzeuge verwenden
E	mit Kindern spielen
R	gemeinsam singen
I	Werkstücke[1] abmessen
S	genaue Skizzen zeichnen
Z	Kinder unterstützen und fördern
I	Kinder sicher im Straßenverkehr begleiten
C	Holz bearbeiten

H	die Werkbank aufräumen
L	Holzmöbel reparieren
E	Konflikte unter Kindern lösen
H	trösten
E	zu Spiel und Basteln anregen
E	Maße berechnen
R	Holz und anderes Material bestellen
R	zu Bewegung und Sport anregen

[1] **die Werkstücke:** Gegenstände, die noch bearbeitet werden müssen

Tischler/-in	Erzieher/-in
…	…

3 Welche Tätigkeiten aus Aufgabe 2 magst du?
Sprich mit einer Partnerin/einem Partner.
Begründe auch deine Meinung.

**Für die Berufe Tischler/-in und Erzieher/-in
sind bestimmte Stärken wichtig.**

 4 a. Ordnet den beiden Berufen die passenden Stärken zu.
   Tipp: Manche Stärken passen zu beiden Berufen.
   b. Schreibt eure Ergebnisse auf.

> Ich kann Werkzeuge und Geräte auch für Feinarbeiten
> geschickt nutzen. Meine Stärke ist **Fingerfertigkeit**.

> Ich kann mir vorstellen, wie ein gezeichneter Gegenstand
> in Wirklichkeit aussieht. Meine Stärke ist **räumliches Denken**.

> Ich kann mich gut in andere Menschen hineinversetzen.
> Meine Stärke ist **Einfühlungsvermögen**.

> Ich arbeite genau und achte auch auf Kleinigkeiten,
> um keine Fehler zu machen. Meine Stärke ist **Genauigkeit**.

> Ich erkenne, wenn jemand Hilfe braucht, und ich helfe gern.
> Meine Stärke ist **Hilfsbereitschaft**.

> Ich habe immer gute und neue Ideen und kann sie
> kreativ umsetzen. Meine Stärke ist **Ideenreichtum**.

 5 Welche Stärken aus Aufgabe 4 treffen auf dich zu?
Sprich mit einer Partnerin/einem Partner.
Nenne auch Beispiele.

> Meine Stärke ist Hilfsbereitschaft, weil ich ...

**Auch in dem Rap-Song Komm auf Touren, du!
geht es um die eigenen Stärken.**

 6 a. Lest die Strophe zuerst leise.
   b. Sprecht die Strophe dann halblaut als Rap.
   c. Erklärt, worum es in der Strophe geht.

Die Zukunft liegt in deinen Händen,
lass dich ein und spiel,
du brauchst nur ein Ziel.
Wo liegt deine Stärke?
Jetzt kommt's auf dich an!
Jetzt bist du dran!

Finde den Weg zum richtigen Beruf

Der Rap-Song Komm auf Touren, du! stellt viele Fragen.

 1 Lies die Zeilen aus dem Rap-Song.

> Wo geht's lang?
> Was will ich tun?
> Wo will ich hin?
> Was hab ich drauf?
> Wer will ich sein?
> Was hält mich auf?

**Im folgenden Text erfährst du,
wie andere diese Fragen für sich beantwortet haben.**

 2 Lies den Text. Wende die Schritte vom Textknacker an. → Textknacker: Seite 288

Drehleiter oder Singen? – Du hast die Wahl!

1 Er sitzt am Sandkasten und singt Kinderlieder.
2 Er liest vor, bindet Schleifen, wechselt Windeln,
3 kocht und füttert. David Nunjev ist Erzieher und
4 arbeitet in einer Kindertagesstätte.
5 Früher haben Bekannte ihn manchmal belächelt.
6 „Warum hast du einen Frauenberuf gewählt?",
7 fragten sie. „Das liegt mir und macht viel Freude",
8 erwiderte er dann. „Ich bin gern mit Kindern zusammen
9 und die Arbeit ist jeden Tag anders."
10 Immer mehr junge Männer entdecken diesen Beruf
11 für sich. Jeder hat eigene Gründe, so wie David:
12 „In der Schule war ich immer gut in Deutsch, Sport
13 und Musik. Mathe und Physik konnte ich nicht so gut.
14 Dafür hatte ich viele Ideen für Ausflüge.
15 Mein erstes Praktikum habe ich im Computerbereich
16 absolviert. Ich dachte, da könnte ich eine Menge Geld
17 verdienen. Aber gefallen hat es mir nicht. Bei meinem
18 zweiten Praktikum in einem Kindergarten wusste ich:
19 Das ist genau das Richtige für mich."

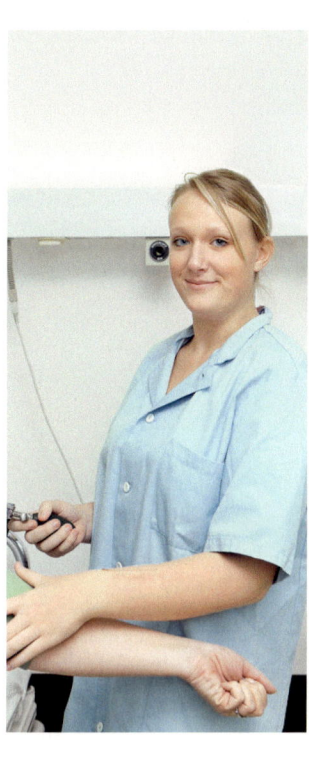

20 Corinna Schäfers erzählt: „Im 7. Schuljahr begann ich,

21 über einen Beruf für mich nachzudenken. Mir hat

22 der „Girls' Day" sehr dabei geholfen: Wir Mädchen

23 durften einen Tag lang Berufe kennen lernen, die sonst

24 eher Jungen wählen. Die Jungen hatten den „Boys' Day".

25 Ich entschied mich für einen Tag bei der Berufsfeuerwehr.

26 Zuerst hörte ich einen Vortrag über die Ausbildung.

27 Dann haben wir uns die Fahrzeuge angesehen.

28 Ich durfte im Rettungskorb bis auf 30 Meter hinauffahren.

29 Oben wurde mir schwindlig. Das war eine neue Erfahrung.

30 Über einen Beruf, der zu mir passt, denke ich weiter nach.

31 Meine Lieblingsfächer sind Deutsch und Biologie.

32 Ich spiele Handball in einem Verein.

33 Mein Praktikum habe ich in einem Krankenhaus gemacht.

34 Auf der Kinderstation hat es mir super gefallen.

35 Vielleicht möchte ich Krankenschwester werden."

 3 Beantworte die folgenden Fragen auf einem Blatt.
- Welchen Beruf oder Berufswunsch haben David und Corinna?
- Warum haben sie den Beruf gewählt?
- Wie haben sie ihren Wunschberuf gefunden?

 4 Welche Stärken und Schwächen haben David und Corinna?
Ordne in eine Tabelle ein.

→ Eine Tabelle zeichnen:
Seite 292

	Stärken	Schwächen
David	Deutsch …	…
Corinna	…	…

 5 Welche Stärken und Schwächen hast du?
Ordne in eine Tabelle ein. Schreibe auf ein Blatt.

→ Eine Tabelle zeichnen:
Seite 292

**In einer Berufe-Mappe kannst du wichtige Unterlagen
für deine Berufswahl sammeln.**

 6 Lege dir eine Berufe-Mappe an.
Verwende dazu einen Ordner in deiner Lieblingsfarbe.

Meine Stärken und Fähigkeiten

**Mit Hilfe deiner Klasse, deiner Familie und Freunde
findest du noch mehr über deine Stärken und
deine Fähigkeiten heraus.**

7 **a.** Lest die Zeilen aus dem Rap-Song vor.

> *Hab ich zwei linke Hände?*
> *Bin ich voll kreativ? (...)*
> *Werd ich'n Sesselpooper?*
> *Ich liebe meinen PC!*
> *Oder ackere ich draußen*
> *im hammerhohen Schnee?*

b. Welche Zeilen treffen vielleicht auf euch zu?
Tipp: Klärt gemeinsam die unbekannten Wörter.

8 **Was machst du gern** in deiner Freizeit?
Fertige ein weiteres Blatt für deine Berufe-Mappe an.

a. Schreibe in eine Liste deine Hobbys und Dinge,
die du gern unternimmst.
b. Welche Stärken brauchst du dazu? Ergänze.

> **Meine Stärken**
> Was ich gern mache: Dazu brauche ich diese Stärke:
> – ...   – ...

>>> das Durchhalte-
vermögen, das
Einfühlungsvermögen,
die Aufmerksamkeit,
die Hilfsbereitschaft,
die Rücksichtnahme,
die Selbstständigkeit,
die Sorgfalt,
die Teamfähigkeit,
die Zuverlässigkeit

9 Welche **Lieblingsfächer** hast du?

a. Schreibe sie ebenfalls in deine Liste.
b. Welche Stärken brauchst du dazu? Ergänze.

10 **Welche Stärken erkennen die anderen** an dir?

a. Frage in deiner Klasse, bei deinen Freunden, Eltern
und Bekannten.
b. Bitte sie, deine Stärken in Stichworten aufzuschreiben.

Unsere Traumberufe

Von welchem Beruf träumt ihr? Und welche Traumberufe können wirklich wahr werden?

Rettungsassistentin Rettungsassistent	Präsidentin Präsident	Berufskraftfahrerin Berufskraftfahrer	Fernsehmoderatorin Fernsehmoderator

Frisörin Frisör	Landwirtin Landwirt

Tiefseetaucherin Tiefseetaucher

Fliesenlegerin Fliesenleger	Pilotin Pilot

Model

Bundeskanzlerin Bundeskanzler

Mechatronikerin Mechatroniker	Floristin Florist	Profifußballerin Profifußballer	Einzelhandelskauffrau Einzelhandelskaufmann	Rapperin Rapper

 11 Führt eine Befragung in eurer Klasse durch.
Jeder beantwortet zwei Fragen:
- Was ist dein absoluter Traumberuf?
- Über welchen Beruf möchtest du dich informieren?

 12 a. Wertet die Befragung aus:
- Rechnet alles zusammen.
- Welche Traumberufe sind die beliebtesten? Welche Berufswünsche gibt es am häufigsten? Schreibt Ranglisten.
- Welche Unterschiede gibt es zwischen den Mädchen und den Jungen?
b. Gestaltet eure Ergebnisse mit dem Computer.   ⟩⟩⟩ Listen, Tabellen …
c. Präsentiert die Ergebnisse in der Klasse.
d. Heftet eure Ergebnisse in eure Berufe-Mappen.

 13 • Welche Berufswünsche bleiben wahrscheinlich Träume? Warum?
- Welche Träume können vielleicht wahr werden?

Eine Berufe-Mappe führen – meine Stärken erkennen

Du hast in deiner Berufe-Mappe Materialien gesammelt.

 1 a. Nimm deine Berufe-Mappe.
  b. Schreibe das Datum auf jedes Blatt.
  c. Lies noch einmal deine Arbeitsergebnisse.
  d. Ordne die Blätter in einer sinnvollen Reihenfolge.
  e. Loche die Blätter und hefte sie ein.

 2 Gestalte ein **Inhaltsverzeichnis**.
  • Überlege dir passende Überschriften.
  • Schreibe sie in der richtigen Reihenfolge auf.
  Tipp: Beschrifte außerdem Trennblätter aus Karton
     mit deinen Überschriften.
     So wird deine Berufe-Mappe noch übersichtlicher.

> *Inhaltsverzeichnis*
>
> *Meine Stärken und Schwächen 2*
> *Meine Hobbys und Lieblingsfächer ... 4*
> *Unsere Traumberufe 6*

 3 Gestalte ein **Deckblatt**.
  Tipp: Verwende farbigen Karton.
  • Schreibe als Überschrift **Meine Berufe-Mappe**.
  • Schreibe deinen Namen, deine Klasse und deine Adresse auf.
  • Schreibe einen Steckbrief mit den wichtigsten Angaben zu dir.

> *Meine Berufemappe*
>
> *Name: Josy Liebicz*
> *Klasse: 7*
> *Adresse: Müllerstr. 27*
>
> *Meine Lieblingsfächer: Deutsch,*
>   *Hauswirtschaftslehre*
> *Meine Hobbys: backen, singen*
>
> *Das kann ich: verschiedene*
>   *Nudelgerichte kochen*
> *Mein Ziel: gut kochen lernen*

**Deine Berufe-Mappe begleitet dich in den nächsten Jahren.
Du kannst sie immer wieder mit Materialien rund um
das Praktikum, die Bewerbung und den Beruf ergänzen.**

Meine Stärken präsentieren

Du kannst deine Stärken in einem Kurzvortrag präsentieren.

 4 a. Blättere deine Berufe-Mappe durch.
b. Entscheide dich für drei Stärken.
c. Schreibe sie auf Karteikarten.

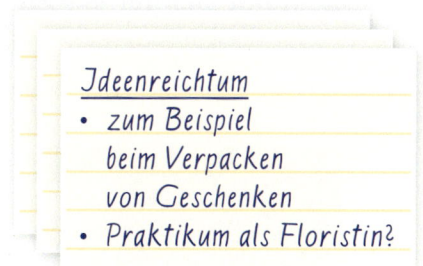

Ideenreichtum
• *zum Beispiel*
  beim Verpacken
  von Geschenken
• *Praktikum als Floristin?*

 5 Ergänze die Karteikarten in Stichworten:

a. Warum ist das deine Stärke?
• Nenne Beispiele.
• Oder erzähle von einer bestimmten Situation.
b. Für welche Berufe sind deine Stärken wichtig?
c. Welche Ideen hast du für ein Praktikum?

Es gibt verschiedene Möglichkeiten zu präsentieren.

 6 Mit welchen Hilfsmitteln möchtest du deinen Kurzvortrag
unterstützen? Wähle aus.

der Beamer

das Plakat

das Tafelbild

 7 a. Bereite den Kurzvortrag und deine Präsentation vor. → Kurzvortrag: Seite 296
b. Übe den Kurzvortrag.

> Ich möchte über … sprechen.
> Meine Stärken sind …
> Diese Stärken sind wichtig für mich, weil …

 8 Halte den Vortrag in der Klasse.

> Welches Praktikum würdet ihr mir empfehlen?
> Habt ihr noch Fragen?

Sina arbeitet gern mit Pflanzen, weil ...

In einem Praktikum kannst du eigene Stärken entdecken.
Sina hat sich für ein Praktikum in einem Umweltverein entschieden.

 Traumberuf: Gärtnerin

1 Sina macht ein Praktikum in einem Umweltverein,
2 weil sie gern mit Pflanzen arbeitet. „Ich muss sehr
3 behutsam sein. Sonst gehen die Stecklinge kaputt."
4 Sina setzt kleine Pflanzen in die Erde.
5 „Ich habe mir in der Schule keine Gedanken
6 über einen Ausbildungsplatz gemacht.
7 Daher habe ich mich für ein Praktikum gemeldet."
8 Sina arbeitet nun acht Monate bei einem Umweltverein.
9 Dafür bekommt sie ein bisschen Geld.
10 „Mir gefällt das Praktikum gut, weil ich hier
11 viel Neues lerne. Außerdem kann ich gut
12 mit Pflanzen umgehen. Ich bewerbe mich nun
13 um einen Ausbildungsplatz als Gärtnerin, weil ich
14 auch gerne im Freien arbeite." Etwas aber stört Sina
15 an ihrem neuen Job[1]: „Ich stehe jeden Morgen
16 sehr früh auf, weil ich einen langen Weg zur
17 Arbeit habe. Das mag ich nicht so."

[1] **der Job** [sprich: dschob]: der Beruf

 1 **a.** Finde im Text die Antworten auf diese Fragen:
• Warum macht Sina ein Praktikum
in einem Umweltverein?
• Warum gefällt Sina das Praktikum?
• Warum bewirbt sich Sina um einen Ausbildungsplatz
als Gärtnerin?
• Warum steht Sina morgens früh auf?
b. Schreibe die Antworten auf.
c. Markiere das Verb im weil-Satz.

> Sina macht ein Praktikum in einem Umweltverein,
> weil sie gern mit Pflanzen arbeitet.

Mina, Lars, Juri und Silvia haben sich für andere Praktika entschieden.

 2 Wofür haben sich Mina, Lars, Juri und Silvia entschieden? Warum?

    a. Bilde Sätze mit **weil**.
    b. Markiere das Verb im weil-Satz.

Mina Lars Juri Silvia	sucht macht absolviert	ein Praktikum als Mechatroniker/-in ein Praktikum als Forstwirt/-in ein Praktikum als Kindergärtner/-in ein Praktikum als Verkäufer/-in	, weil	sie er	sehr geschickt ist. gerne im Freien arbeitet. sehr geduldig ist. gerne Kunden berät.

➡️ Mina sucht ein Praktikum als Forstwirtin, weil ...

Z **3** Wo suchst du dir einen Praktikumsplatz? Warum?

    a. Bilde Sätze mit **weil**.
    b. Markiere das Verb im weil-Satz.

➡️ Ich suche ein Praktikum ..., weil ...
Ein Praktikum ... wäre super, weil ...

〉〉〉 im Sportverein,
in der Kfz-Werkstatt,
im Hotel,
im Kindergarten ...

gerne mit Menschen arbeiten, gut organisieren können, zuverlässig sein ...

❗ Mit einem **weil**-Satz können wir etwas **begründen**. Das Verb steht am Ende vom weil-Satz.

Mina sucht sich ein Praktikum als Forstwirtin, weil sie gerne im Freien arbeitet.

Training:
Berufe erkunden und vorstellen

Annika möchte mehr über den Beruf Altenpflegehelferin erfahren. Sie führt ein Interview mit Frau Müller.

1	Annika:	„Guten Tag, Frau Müller. Danke, dass ich Ihnen
2		ein paar Fragen zu Ihrem Beruf stellen darf.
3		Wo arbeiten Sie als Altenpflegerin?"
4	Frau Müller:	„Zurzeit arbeite ich in einem Altenpflegeheim."
5	Annika:	„Wie ist Ihre Arbeitszeit?"
6	Frau Müller:	„Ich arbeite im Schichtdienst. Eine Woche arbeite ich
7		am Vormittag. In der nächsten Woche am Nachmittag.
8		Einmal im Monat muss ich auch am Wochenende arbeiten."
9	Annika:	„Was sind Ihre Aufgaben?"
10	Frau Müller:	„Ich kümmere mich um die Pflege der Heimbewohner.
11		Ich helfe den älteren Menschen beim Waschen
12		und Anziehen. Dabei muss ich auch Füße eincremen
13		und Windeln wechseln. Ich bin bei den Mahlzeiten und
14		den Freizeitbeschäftigungen dabei."
15	Annika:	„Was müssen Sie können? Wie müssen Sie sein?"
16	Frau Müller:	„Ich muss kontaktfähig und freundlich sein.
17		Außerdem muss ich zuverlässig sein.
18		Ich spiele ein Musikinstrument und bastele gern.
19		Das kann ich für die Freizeitangebote in Heimen nutzen."
20	Annika:	„Welche Schulfächer sind für den Beruf wichtig?"
21	Frau Müller:	„Wirtschaft, Sozialkunde und Hauswirtschaft sind wichtig.
22		Deutsch ist für den Unterricht in der Berufsfachschule wichtig."
23	Annika:	„Welchen Schulabschluss braucht man?"
24	Frau Müller:	„Meist wird ein Hauptschulabschluss verlangt.
25		Aber am besten informierst du dich im BiZ[1]."

[1] **BiZ:** Abkürzung für **B**erufs**i**nformations**z**entrum

26	Annika:	„Wie lange dauert die Ausbildung?"
27	Frau Müller:	„Die praktische Ausbildung erfolgt in einer Altenpflegeeinrichtung.
28		Außerdem hat man Unterricht in einer Berufsfachschule.
29		Die Ausbildung dauert in der Regel ein Jahr."
30	Annika:	„Und wenn es mit dem Ausbildungsplatz nicht klappt?"
31	Frau Müller:	„Dann gibt es andere Berufe mit ähnlichen Tätigkeiten,
32		wie Krankenpflegehelfer oder Fachkraft für Pflegeassistenz."

1 Was erzählt Frau Müller über ihren Beruf?
Beantworte die folgenden Fragen in Stichworten.

➜ Stichworte aufschreiben: Seite 292

- Wie heißt der Beruf?
- Wo arbeitet man in dem Beruf?
- Welche Aufgaben gibt es?
- Wie sind die Arbeitszeiten?
- Welche Stärken sind für den Beruf wichtig?
- Welche Schulfächer sind wichtig?
- Welchen Schulabschluss braucht man?
- Wie lange dauert die Ausbildung?
- Welche ähnlichen Berufe gibt es?

Auch ihr könnt jemanden über seinen Beruf befragen.

2 a. Über welchen Beruf wollt ihr mehr wissen?
b. Wen könnt ihr befragen?

›››die Frisörin,
der Verkäufer,
der Hausmeister …

3 a. Welche Fragen wollt ihr stellen?
Schreibt jede Frage auf eine Karteikarte.
b. Nummeriert die Karteikarten.

4 a. Verabredet einen Termin für das Interview.
b. Führt das Interview durch. Stellt eure Fragen.
c. Schreibt die Antworten in Stichworten auf.
Tipps: Nehmt das Interview mit einem Aufnahmegerät
auf. Macht auch Fotos.

➜ Stichworte aufschreiben: Seite 292

Berufe-Steckbrief

1 die Berufsbezeichnung
2 der Arbeitsort
3 die Tätigkeiten
4 die Arbeitszeit
5 wichtige Stärken
6 wichtige Schulfächer
7 die Ausbildung
8 ähnliche Berufe

5 Schreibe einen Berufe-Steckbrief auf ein Blatt.
Verwende deine Antworten von Aufgabe 1 oder 4.

6 Hängt in der Klasse eure Berufe-Steckbriefe auf.
Tipp: Kopiert interessante Berufe für eure Berufe-Mappe.

Den Kurzvortrag vorbereiten

**Du hast Informationen über verschiedene Berufe gesammelt.
In einem Kurzvortrag kannst du einen Beruf vorstellen.**

 1 **Welchen Beruf** möchtest du vorstellen?

a. Wähle einen Beruf aus Aufgabe 1 oder 5
von Seite 87 aus.
b. Nimm deine Informationen zu dem gewählten Beruf.
Tipp: Weitere Informationen findest du im BiZ.

 2 **Was genau** möchtest du über den Beruf vorstellen?

a. Schreibe Stichworte auf Karteikarten.
b. Nummeriere die Karteikarten
in der richtigen Reihenfolge.
c. Markiere die wichtigen Wörter farbig.

> ⟩⟩⟩ Wie heißt?
> Wo arbeitet? Was tut?
> Welche Arbeitszeit?
> Welche Stärken?
> Welche Schulfächer?
> Welche Ausbildung?

3 a. Überlege, wie du den Kurzvortrag aufbauen willst.
• Was sagst du am Anfang?
• Was sagst du zum Schluss?
b. Schreibe Stichworte auf Karteikarten.

> *Am Anfang:*   *1*
> *Kurzvortrag über ...*

> *Zum Schluss:*   *8*
> *Habt ihr noch Fragen*
> *zum Beruf ...?*

**Du kannst deine Informationen noch anschaulicher
präsentieren.**

W **4** a. Wie möchtest du anschaulicher präsentieren?
Wähle aus:
• Schreibe Wichtiges an die Tafel.
• Oder gestalte ein Plakat.
• Oder gestalte Folien.
• Oder zeige Fotos.
• Oder zeige typische Werkzeuge oder Gegenstände
zu dem Beruf.
b. An welchen Stellen von deinem Kurzvortrag
möchtest du etwas zeigen oder anschreiben?
Ordne den passenden Karteikarten zu.

➡ Ein Plakat oder eine Folie
gestalten: Seite 297

> *die Tätigkeiten:*   *3*
> *– Beete bepflanzen*
> *➡ Foto 1 zeigen!*

Den Kurzvortrag üben und halten

Du wirst sicherer, wenn du deinen Kurzvortrag vorher übst.

5 a. Nimm deine Karteikarten.
b. Lies die Stichworte.
c. Bilde aus den Stichworten Sätze.

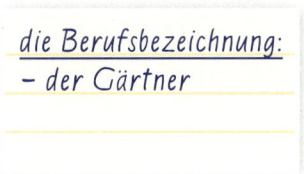

die Berufsbezeichnung:
– der Gärtner

Ich stelle heute
den Beruf Gärtner vor.

6 Übe den Kurzvortrag.
Beachte dabei die Arbeitstechnik **Frei vortragen**.

→ Frei vortragen: Seite 296

7 a. Worauf solltet ihr bei einem Kurzvortrag achten?
Schreibt eine Checkliste.
b. Jeder hält seinen Kurzvortrag in der Gruppe.
Die anderen beobachten genau. Dabei hilft die Checkliste.
c. Besprecht: Was war gut? Was könnte verbessert werden?

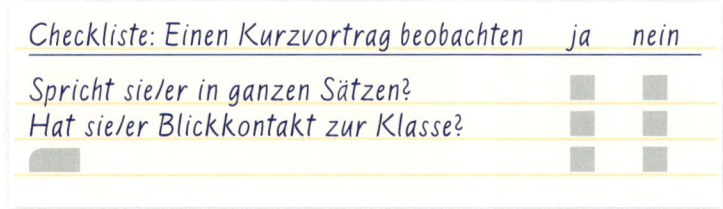

Checkliste: Einen Kurzvortrag beobachten   ja   nein

Spricht sie/er in ganzen Sätzen?
Hat sie/er Blickkontakt zur Klasse?

Ihr habt euren Kurzvortrag vorbereitet und geübt.

8 • Jeder hält seinen Kurzvortrag in der Klasse.
• Die anderen hören gut zu und beobachten genau.

9 Wertet den Kurzvortrag gemeinsam aus:
• Was war gut?
• Wurden alle Punkte der Checkliste beachtet?
• Wurden die Informationen gut veranschaulicht?
• Wurden eure Fragen zu dem jeweiligen Beruf beantwortet?
• **Was** könnte man verbessern?
• **Wie** könnte man es verbessern?

Urzeittiere – unter

Diese schön gemusterte Stachelspinne hat Stacheln. Sie lebt in Kenia, einem Land in Afrika.

In Gebieten der USA, Südamerikas und Mittelamerikas lebt die Blaue Vogelspinne. Sie ist farbig wie eine Blüte.

Die Krabbenspinne lebt im Mittelmeergebiet. Sie hat ein schönes Muster auf dem Rücken und kann wie eine Krabbe seitwärts und rückwärts gehen.

💬 **1** Was sind Urzeittiere? Vermutet.

➡️ Ich glaube, Urzeittiere sind …

💬 **2** Was seht ihr auf den Bildern 1 bis 6? Beschreibt.

auffällig, behaart, bunt, farbenfroh, glänzend, leuchtend, stachelig, ungewöhnlich …

das Spinnennetz,
›› die Beute, die Blüte,
die Fliege …

4

Das ist ein Terrarium[1] für eine Mexikanische Rotknie-Vogelspinne.

[1] **das Terrarium:** ein Glaskasten, in dem bestimmte Tiere gehalten werden

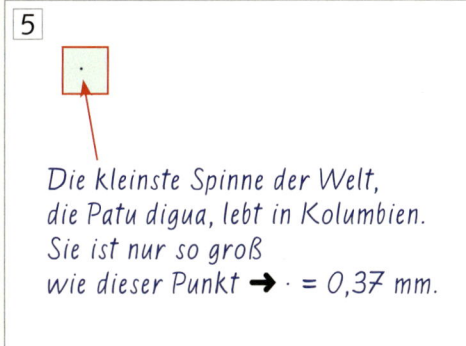

5

Die kleinste Spinne der Welt, die Patu digua, lebt in Kolumbien. Sie ist nur so groß wie dieser Punkt ➜ · = 0,37 mm.

6

Eine Vogelspinne kann man sogar in der Hand halten.

3 a. Lest die Sätze unter den Bildern.
b. Beantwortet diese Fragen:
  • Um welche Urzeittiere geht es?
  • Wie sehen sie aus?
  • Wo leben sie?

In diesem Kapitel informiert ihr euch über Urzeittiere. Ihr erfahrt Spannendes über Spinnen und beschreibt, wie ein Terrarium aussieht.

Spinnen von der Urzeit bis heute

Spinnen gibt es schon sehr lange auf der Erde.
Wir können es uns kaum vorstellen.
Eine Zeitleiste hilft uns dabei.

 1 Seht euch die Zeitleiste an.
Lest von oben nach unten ↓.
Beschreibt:
- Was steht in der linken Spalte?
- Was zeigt die mittlere Spalte?
- Was seht ihr in der rechten Spalte?

In der	linken	Spalte	stehen Jahreszahlen von ... bis ...	
	mittleren		erkennt man,	seit wie vielen ...
	rechten		sieht man,	wann ...

 2 a. Beantwortet diese Fragen:
- Wann gab es die ersten Spinnen auf der Erde?
- Wie viele Millionen Jahre nach den Spinnen tauchten die ersten Dinosaurier auf?
- Vor wie vielen Millionen Jahren gab es die ersten Menschen?

 b. Schreibt eure Antworten auf.

Die ersten Spinnen	gab es lebten	vor ...
Die ersten Dinosaurier		
Die ersten Menschen		

Zeitleiste:

vor 400 Millionen Jahren		
vor 350 Millionen Jahren		
vor 300 Millionen Jahren		
vor 250 Millionen Jahren		
vor 200 Millionen Jahren		
vor 150 Millionen Jahren		
vor 100 Millionen Jahren		
vor 50 Millionen Jahren		
vor 7,5 Millionen Jahren		
vor 1 Million Jahren		
heute		

Spinnen überall

**Fast überall auf der Welt gibt es heute Spinnen.
Hier könnt ihr herausfinden, warum das so ist.**

3 a. Seht euch die Weltkarten $\boxed{1}$ und $\boxed{2}$ an.
   b. Lest die Lexikoneinträge.

Vor 360 Millionen Jahren bildete
sich ein Riesenkontinent.

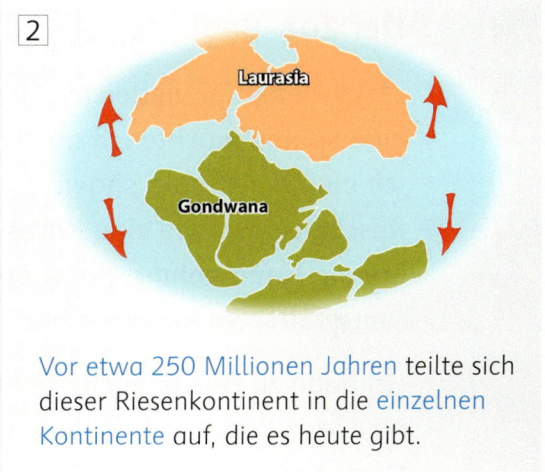

Vor etwa 250 Millionen Jahren teilte sich
dieser Riesenkontinent in die einzelnen
Kontinente auf, die es heute gibt.

4 Warum existieren heute fast überall auf der Welt Spinnen?

a. Beschreibt, was ihr auf den Weltkarten $\boxed{1}$ und $\boxed{2}$ seht.

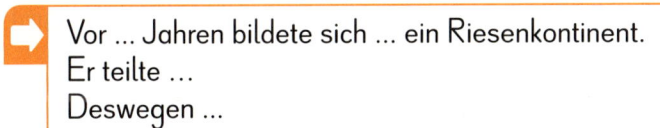

Vor ... Jahren bildete sich ... ein Riesenkontinent.
Er teilte ...
Deswegen ...

b. Vergleicht die Jahreszahlen in den Lexikoneinträgen
mit den Jahreszahlen in der Zeitleiste auf Seite 92:
   • Welche Tiere lebten vor 400 Millionen Jahren auf der Erde?
   • Welche Tiere lebten vor 250 Millionen Jahren auf der Erde?

Spinnen sind Urzeittiere.

5 • Wo habt ihr diese Urzeittiere gesehen?
   • Was habt ihr dabei gedacht oder gefühlt?
   • Wie seid ihr mit den Tieren umgegangen? Warum?
   • Was denkt ihr jetzt über diese Urzeittiere?

Ein Artikel über Spinnen

Wer eine Spinne zu Hause hält, muss wichtige Hinweise beachten.

 1 Lies den Internetartikel.
Wende die Schritte vom Textknacker an.　　　➜ Textknacker: Seite 288

Der Zoo-Begleiter erzählt: Eine Vogelspinne als Haustier

1　„Jetzt denkt ihr vielleicht: Das ist ja super,
2　eine Spinne möchte ich auch als Haustier haben.
3　Ich muss euch aber sagen: Eine Spinne ist kein
4　Kuscheltier so wie eine Katze. Wenn ihr sie
5　auf die Hand nehmt, passt auf, dass sie nicht
6　runterfällt: Sie kann sterben.

7　Ich habe zu Hause auch
8　eine Mexikanische Rotknie-Vogelspinne.
9　Diese Spinne kann bis zu 30 Jahre alt werden.
10　Seid ihr sicher, dass ihr eure Spinne so lange
11　versorgen könnt oder wollt?

12　Die Mexikanische Rotknie-Vogelspinne ist in Mexiko zu Hause.
13　Sie hat einen langen Reiseweg hinter sich, bis sie bei euch ankommt.
14　Sie ist dann wahrscheinlich schon durch die Reise krank.

15　Wenn ihr es also ernst meint und euch gut über die Tiere informiert habt:
16　Kauft nur eine Spinne aus einer Zucht. Denkt auch daran, dass ein Terrarium
17　teuer ist. Und ihr braucht Futter für die Tiere.“

2 Was muss man beachten, wenn man eine Spinne halten möchte?
Beantworte die folgenden Fragen in Stichworten.

➜ Stichworte aufschreiben: Seite 292

- Worauf muss ich beim Kauf einer Spinne achten?
- Wie alt kann eine Spinne werden?
- Kann ich mit ihr spielen?
- Was frisst sie?
- Welche Kosten entstehen?

Heute gibt es rund 40 000 Spinnenarten.
Eine Zeitschrift informiert über besondere Spinnen.

3 Lies die Zeitschriftentexte.
Wende die Schritte vom Textknacker an.

→ Textknacker: Seite 288

eine Spinne

Wusstest du, ...

... dass Spinnen keine Insekten sind?
Insekten haben drei Beinpaare,
Spinnentiere im Gegensatz dazu
vier Beinpaare. Und ihr Körper besteht
aus zwei Teilen statt aus dreien
wie z. B. der Körper von Fliegen.

eine Fliege

Wusstest du, ...

... dass Spinnen sportliche Weltmeister sind? Sie sind viel sportlicher als
menschliche Sportler: Spinnen können sehr schnell laufen. Sie legen dann
12 bis 14 cm in einer Sekunde zurück.

Wusstest du, ...

... dass manche Spinnen auf dem Wasser
laufen können? Wolfsspinnen sinken auf
dem Wasser nicht ein. Das liegt an
der Oberflächen-Spannung des Wassers.

Wusstest du, ...

... dass manche Spinnen nur unter
Wasser leben? Wasserspinnen
bauen sich „eine Taucherglocke"
aus Spinnenfäden und Luft.

4 Beantworte diese Fragen in Stichworten:
  • Warum sind Spinnen keine Insekten?
  • Warum können manche Spinnen auf dem Wasser laufen
    und unter Wasser leben?

→ Stichworte aufschreiben:
Seite 292

Ein Terrarium einrichten

**Die Spinne muss sich in einem Terrarium
wie in ihrer natürlichen Umgebung fühlen.**

Die natürliche Umgebung der Mexikanischen Rotknie-Vogelspinne

1 Wo lebt die Mexikanische Rotknie-Vogelspinne?
- Nennt das Land und beschreibt die Region.
- Beschreibt die Umgebung, in der die Spinne lebt.

>>> dunkel, hell, heiß, karg,
öde, schattig, sonnig,
steinig, trocken …

das Gebirge, das Geröll,
die Trockensavanne,
die Bäume, die Berge,
die Steine …

**Mit Hilfe der Bilder auf Seite 99 kannst du ein Terrarium
für die Rotknie-Vogelspinne beschreiben.**

2 a. Seht euch die Bilder 1 bis 8 auf Seite 99 an.
b. Beschreibt, was ihr seht.

3 Beantworte diese Fragen in Stichworten:
- Wie groß muss das Terrarium sein?
- Welche Erde benötigt man für den Boden des Terrariums?
  Wie hoch muss die Schicht aus Erde sein?
- Was braucht die Spinne als Unterschlupf?
- Welche Pflanzen sind für das Terrarium geeignet?
- Wie feuchtet man die Erde an?
- Wo darf man das Terrarium erwärmen? Warum?

→ Stichworte aufschreiben:
Seite 292

4 a. Beschreibe das Terrarium. Schreibe Sätze auf.
Verwende dein Ergebnis von Aufgabe 3.
b. Schreibe eine Überschrift.

> Eine Mexikanische Rotknie-Vogelspinne braucht …
> Das Terrarium ist …
> Der Boden ist …
> Seine Breite / Höhe / Länge misst …
> Die Pflanzen sollten …

Ein Terrarium für die Mexikanische Rotknie-Vogelspinne

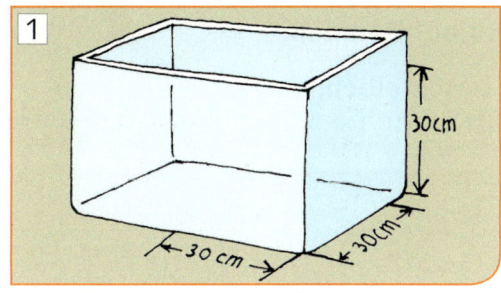

jede Kante: mindestens 30 cm

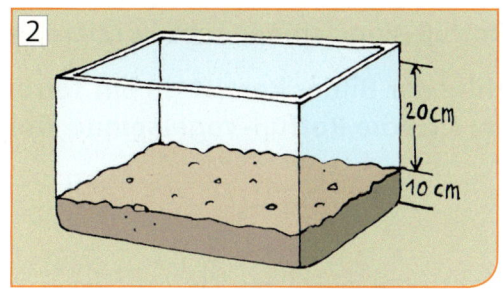

mindestens 10 cm Erde (Spezialerde für Terrarien), oberer Rand 20 cm über der Erde

ein halber Blumentopf ohne Boden und Kanten, damit die Spinne sich nicht verletzen kann

Pflanzen ohne Dornen oder Stacheln, damit die Spinne sich nicht verletzen kann

einmal in der Woche leicht anfeuchten

Temperatur: ☀ tagsüber 24–28 °C, ☾ nachts 20–24 °C

keine Wärme von unten, weil die Spinne dann unter die Erde flüchtet

Wärme an der Rückwand des Terrariums

Ein Terrarium beschreiben

Die Rotfuß-Vogelspinne lebt in Mittelamerika auf Bäumen.

Mit Hilfe der Bilder kannst du ein Terrarium beschreiben, in dem sich die Rotfuß-Vogelspinne wohl fühlt.

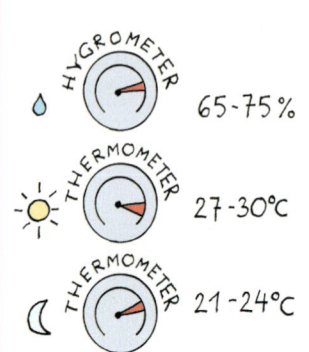

Das Klima im Terrarium:
– hohe Luftfeuchtigkeit: 65–75 %
– die Temperatur am Tag: 27–30 °Celsius; die Temperatur in der Nacht: 21–24 °Celsius
– Beleuchtung und Heizung: 25-Watt-Lampe

Das Terrarium:
– die Länge und die Breite des Terrariums: mindestens 30 cm
– die Höhe: mindestens 50 cm

Die Ausstattung:
– lockere und ungedüngte Erde
– als Klettermöglichkeit: eine Wurzel oder ein verzweigter Obstbaumast

Die Bepflanzung des Terrariums:
– Pflanzen, die Wärme und hohe Luftfeuchtigkeit mögen
– Beispiele: die Efeutute, die Silbernetzblätter, der Moosfarn (ohne Dornen)

 1 Beantworte diese Fragen in Stichworten.
  • Wie groß muss das Terrarium sein?
  • Womit wird das Terrarium ausgestattet?
  • Welche Pflanzen sind für das Terrarium geeignet?
  • Welches Klima ist im Terrarium notwendig?

→ Stichworte aufschreiben: Seite 292

 2 Beschreibe das Terrarium. Schreibe Sätze auf. Verwende dein Ergebnis von Aufgabe 1.

Begründen

Manchmal musst du beim Beschreiben auch begründen, warum etwas notwendig ist. Das kannst du hier üben.

Hier gehören immer zwei Sätze zusammen. Der zweite Satz gibt eine Begründung an.

 1 Lies die Sätze.

Ein Terrarium muss besonders ausgestattet sein.
Die Spinne soll sich wie in der natürlichen Umgebung fühlen.

Ein Terrarium für eine Rotfuß-Vogelspinne muss hoch sein.
Diese Spinne klettert gern.

Am Terrarium ist eine Lampe.
Das Terrarium muss beleuchtet und beheizt werden.

Für das Terrarium braucht man tropische Pflanzen.
Sie vertragen das warme und feuchte Klima.

Die Pflanzen werden vorher abgeduscht.
Pflanzenschutzmittel schaden der Rotfuß-Vogelspinne.

Man pflanzt Moosfarn nur ohne Dornen.
Die Spinne soll sich nicht verletzen.

**Du kannst die Sätze mit weil oder da verbinden.
Dann versteht man die Begründung leichter.**

 2 Verbinde die Sätze. Schreibe sie auf.

 Ein Terrarium muss besonders ausgestattet sein, weil die Spinne sich wie in der natürlichen Umgebung fühlen soll.

 Mit **weil** oder **da** können wir etwas begründen.

Das Krokodil – (k)ein Tier aus der Urzeit

Das bekannteste Urzeittier neben den Spinnen ist der Dinosaurier.
Bis heute lebt ein Verwandter der Dinosaurier unter uns: das Krokodil.

 Krokodile

1 Krokodile gibt es schon seit über 200 Millionen Jahren.

2 Ein Krokodil ist auf dem Land, aber auch im Wasser

3 zu Hause. Krokodile haben kein Fell. Trotzdem

4 sind sie gut gerüstet: Ein Panzer aus Knochenplatten

5 schützt ihren Körper. Außerdem haben Krokodile

6 gefährliche Zähne. Fallen einem Krokodil die alten

7 Zähne aus, wachsen direkt neue Zähne nach.

8 Deswegen haben ausgewachsene Krokodile auch

9 keine Feinde in der Natur. Früher wurden Krokodile

10 gejagt – das ist heute verboten. Sonst würde es

11 keine Krokodile mehr geben.

 1 Beantworte die folgenden Fragen.
Schreibe Sätze in dein Heft.
- Seit wann gibt es Krokodile?
- Was schützt den Körper eines Krokodils?
- Was passiert, wenn einem Krokodil Zähne ausfallen?

 2 Schreibe den Text ab.

→ Sätze abschreiben: Seite 300

 3 a. Finde das Wort **Krokodil** im Text.
b. Markiere in deinem Heft.
Markiere auch die Wörter **ein/einem** und
kein/keine davor.

 ein/eine und **kein/keine** sind **Begleiter** von Nomen:
ein Krokodil – kein Krokodil
eine Spinne – keine Spinne

 4 Schreibe die Nomen mit Begleiter auf.

ein Panzer – kein Panzer   eine Feder – keine Feder
ein Feind –   eine Pflanze –
ein Körper –   eine Jagd –
ein Krokodil – kein Krokodil
ein Fell –
ein Tier –

  5 a. Bilde von den Nomen aus Aufgabe 4 die Mehrzahl (Plural).
b. Schreibe die Nomen mit Begleiter in dein Heft.

➡ viele Panzer – keine Panzer, viele … – keine …

In den folgenden Sätzen wurden ein und kein verwechselt.

6 a. Lies die Sätze.
b. Finde die Fehler.
   Tipp: Die Antworten findest du im Text **Krokodile**.

Kein Krokodil lebt auch im Wasser.

Krokodile haben ein Fell.

Kein Krokodil hat einen Panzer aus Knochenplatten.

Keinem Krokodil wachsen ausgefallene Zähne nach.

Ausgewachsene Krokodile haben einen Feind in der Natur.

| Achtung: Fehler! |

c. Schreibe die Sätze richtig in dein Heft.

 ➡ Ein Krokodil lebt auch im Wasser.
Krokodile haben …

 7 a. Ergänze in den Lücken **ein** oder **kein**.
b. Schreibe die Sätze in dein Heft.
c. Prüfe deine Ergebnisse mit einer Partnerin / einem Partner.

 **Krokodil ist ein Fleischfresser.**

Durch den Panzer ist   Krokodil geschützt.

Wenn ein Krokodil hungrig ist, ist   Tier vor ihm sicher.

Vor 400 Millionen Jahren gab es noch   Krokodile.

Training:
Ich stelle giftige Tiere vor

In einem Kurzvortrag kannst du andere über giftige Tiere informieren.

✏ **1** Was weißt du schon über giftige Tiere?
Sammle deine Informationen in einem Cluster.

→ Einen Cluster zeichnen: Seite 291

das Gegengift

...

giftige Tiere

...

...

Im folgenden Text findest du weitere Informationen über giftige Tiere.

2 Lies den Text. Wende die Schritte vom Textknacker an.

→ Textknacker: Seite 288

1. Schritt: Vor dem Lesen

2. Schritt: Das erste Lesen

3. Schritt: Den Text genau lesen

⟩⟩⟩ **1.** die Bilder
  die Überschrift

  2. die Absätze
  die Schlüsselwörter

  3. der ganze Text

📖 **Die Welt der giftigsten Tiere**

1 Sie leben auf dem Land oder im Meer.
2 Viele sind kaum zu sehen, andere hingegen
3 auffällig schön. Manche sind sehr klein.
4 Alle sind giftig.

5 Viele dieser Tiere sind perfekt an ihre Umgebung
6 angepasst. Ihr Gift dient oft dazu, sich zu verteidigen
7 oder um Beute zu machen. Ihr Gift kann anderen
8 Tieren oder Menschen gefährlich werden,
9 wenn diese Tiere sich bedroht fühlen.

10 Von manchen Tieren ist das Gift so stark,

11 dass es Menschen töten kann. Eine Quallenart

12 steht an der Spitze der giftigsten Tiere auf der Welt:

13 die Seewespe. Sie lebt in den Gewässern rund um

14 Australien. Würde sie ihr Gift komplett abgeben,

15 könnte es bis zu 250 Menschen töten.

16 Doch oft streifen die Opfer nur wenige Tentakel[1].

17 Und trotzdem kann das schon ausreichen.

18 Es sterben in Australien jährlich mehr Menschen

19 an diesem Gift als an Hai-Attacken.

20 Deswegen schützen die Australier ihre Strände

21 durch Schutzzäune.

22 Es gibt noch andere Gifttiere im Meer:

23 Die Krusten-Anemone, die Blauringkrake,

24 die Dubois[2]-Seeschlange, die Kegelschnecke und

25 auch den Steinfisch.

26 Der Steinfisch ist einer der giftigsten Fische des Ozeans.

27 Er ist ein Weltmeister der Tarnung. Steinfische lauern

28 auf dem Meeresboden auf ihre Beute und schnappen

29 dann blitzschnell zu. Das Opfer hat keine Chance.

30 Viele Stacheln geben gleichzeitig das Muskel- und

31 Nervengift ab. Es lähmt die Beute innerhalb von

32 Sekunden.

33 Aber auch auf dem Land gibt es überaus giftige Tiere.

34 Dazu gehört auch der Pfeilgiftfrosch. Er lebt in

35 den Regionen des tropischen Regenwaldes.

36 Seine auffällige Körperfärbung, aber auch sein Gift

37 dienen ihm als Schutz vor Fressfeinden.

38 Die Hautdrüsen sondern ein extrem gefährliches

39 Nervengift ab, das auch Menschen innerhalb weniger

40 Minuten tötet. Die Chocó-Indianer Kolumbiens

41 nutzen das Gift seit Jahrhunderten für die Pfeile

42 ihrer Blasrohre.

[1] **die Tentakel:** Fangarme von Quallen oder anderen wirbellosen Tieren
[2] **Dubois** [sprich: düboa]

3 Was hast du über giftige Tiere erfahren?
Beantworte die folgenden Fragen in Stichworten.
Schreibe auf Karteikarten.
Tipp: Lege für jedes Tier eine Karteikarte an.
• Wo leben giftige Tiere?
• Welches Tier ist das giftigste Tier?
• Sind die Tiere für den Menschen gefährlich?
• Wie sehen die Tiere aus?
• Warum sind die Tiere giftig?

→ Stichworte aufschreiben:
Seite 292

4 a. Nummeriere die Karteikarten
in der richtigen Reihenfolge.
b. Markiere die wichtigen Wörter farbig.

Die Seewespe (Platz 1)
– eine Quallenart
_   supergiftig!_
– lebt ...

5 Was sagst du am Anfang?

a. Überlege dir eine spannende Einleitung.
b. Schreibe deine Einleitung auf eine Karteikarte.

Am Anfang:
Kurzvortrag über ...

6 Was sagst du zum Schluss?

a. Finde einen abschließenden Satz.
• Was hat dich am meisten erstaunt?
• Was hat dich verwundert?
• Was war für dich eine ganz besondere Information?
Warum?
b. Schreibe deinen Schluss auf eine Karteikarte.

Zum Schluss:

**Du kannst zu deinem Vortrag eine Folie oder
ein Plakat zeigen.**

Z 7 Überlege, welche Informationen du präsentieren willst.

a. Wähle Informationen von deinen Karteikarten aus.
b. Finde passende Bilder.
c. Finde eine passende Überschrift.

Der Pfeilgiftfrosch
– lebt im tropischen
_   Regenwald_
– auffällige Körperfärbung

– extrem gefährliches Nervengift
– dient als Schutz vor Fressfeinden

– Chocó-Indianer
nutzen Gift
für Pfeile

Z 8 Gestalte deine Folie oder dein Plakat.
Beachte dabei die Checkliste **Eine Folie gestalten** oder
die Arbeitstechnik **Ein Plakat gestalten**.

→ Ein Plakat oder eine Folie
gestalten: Seite 297

**Bereite dich gut auf deinen Kurzvortrag vor.
Das macht dich sicherer.**

9 Übe deinen Kurzvortrag allein oder
mit einer Partnerin / einem Partner.
Beachtet dabei die Arbeitstechnik **Frei vortragen**.

⚙ Arbeitstechnik

Frei vortragen

- **Ich stelle mich** so hin, dass **alle mich sehen** können.
- Ich versuche, **frei** zu **sprechen** und wenig abzulesen.
- Ich spreche **langsam** und **deutlich**.
- Ich spreche **in Sätzen**.
- **Ich sehe** beim Sprechen **die Zuhörer an**.
- **Ich zeige** an passenden Stellen **Bilder** und **Materialien**.

Jetzt könnt ihr eure Kurzvorträge in der Klasse halten.

10 Wie könnt ihr einen Kurzvortrag bewerten?
Sammelt Merkmale in einer Checkliste.

11 Jeder hält seinen Kurzvortrag.
Die anderen hören genau zu und schreiben Stichworte auf.
Tipp: Beachtet eure Checkliste.

12 Wertet die Kurzvorträge gemeinsam aus:
- Was war schon gut?
- Was könnt ihr beim nächsten Mal verbessern?
Begründet mit Hilfe eurer Notizen und der Checkliste.

Ich und das Internet

chatten[1]

mailen[2]

lol[3]

die Abo-Falle

die Freunde-Liste

1 • Seht die Bilder an. Lest die Wörter.
   Erzählt über eure Erfahrungen.
   • Welche Bilder und Wörter kennt ihr nicht?
   Erklärt euch die Wörter gegenseitig.

2 Welche weiteren Wörter verwendet ihr
   rund um das Thema **Internet**?
   Tipp: Ihr könnt zum Nachschlagen die Wörter und
   ihre Bedeutung auf ein Blatt schreiben.

einloggen

bloggen

surfen

CU⁴

der Download

der Chatroom

die Community

 3
• Was tut ihr alles im Internet?
• Was würdet ihr ohne Internet überhaupt nicht tun können?
• Wobei seid ihr im Internet vorsichtig? Wobei unsicher?

⟩⟩⟩ Musikvideos anschauen, Freunde finden, Musik hören, sich informieren, lesen, spielen, surfen …

**In diesem Kapitel denkt ihr darüber nach,
warum ihr das Internet nutzt und wie.**

¹ **chatten** [sprich: tschätten]: sich im Internet unterhalten
² **mailen** [sprich: mäilen]: Briefe im Internet schreiben
³ **lol**: Abkürzung für „laugh out loud" [englisch; sprich: laf aut laud]; ich lache laut
⁴ **CU** [sprich: si ju]: Abkürzung für „see you"; wir sehen uns

Wir sind online – wir sind im Internet

1 a. Seht euch die Fotos an.
   b. Was könnten die Jugendlichen gerade tun?

Die Jugendlichen auf den Fotos 1 und 2 sprechen oder schreiben.

2 Wer spricht mit wem? Wer ist hier mit wem vernetzt[1]?

   a. Ordnet die Texte zu.
   b. Beschreibt die Situationen.
   c. Wer ist auf der Zeichnung zu sehen?

> Ich suche mal gerade die Spielergebnisse der 1. Liga raus.

> Sieh mal direkt nach, wie wir morgen zum Stadion kommen.

> Hi Starfish123, heute war die Schule wieder super stressig, jetzt nervt auch mein Bruder schon wieder! 😬

> Hi Babe, geht mir auch so und dann noch jede Menge Hausaufgaben! 😬

> O Gott, wenn das meine Eltern sehen!

> Hast du die Privatsphäre-Einstellung[2] geändert? Ich habe keine Lust, dass Cindy morgen wieder in der Schule über uns ablästert!

> Juhu, jetzt habe ich 300 Freunde 😊! Aber warum ist keiner zu meiner Party gekommen?

---

[1] **vernetzt:** verbunden
[2] **die Privatsphäre-Einstellung:** Jeder Nutzer kann einstellen, welche Informationen über ihn gezeigt werden und vor allem: welche nicht (zum Beispiel: Alter, E-Mail-Adresse).

Man kann das Internet unterschiedlich nutzen.

 3 Wie nutzt ihr das Internet? Sammelt an der Tafel.
Tipp: Ihr könnt einen Cluster schreiben.

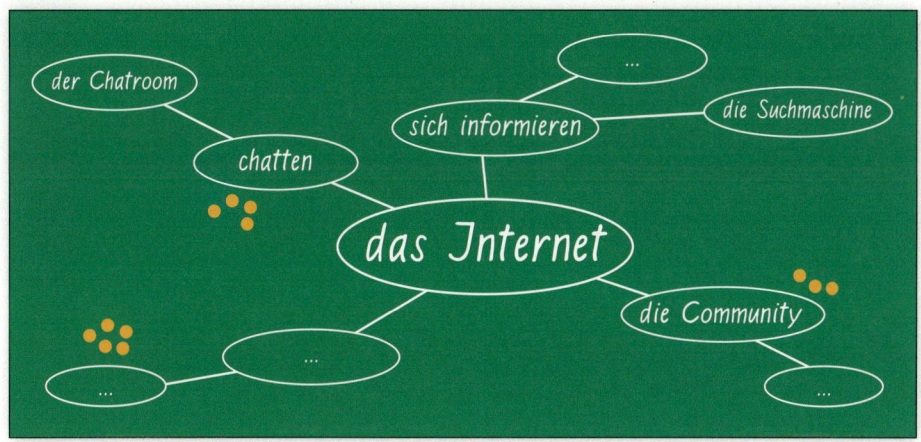

**Mit einer Punktabfrage könnt ihr herausfinden,
wie ihr das Internet am häufigsten nutzt.**

 4 a. Jeder klebt einen Klebepunkt neben
die drei Nutzungsformen, die ihm wichtig sind.
b. Wertet die Punktabfrage aus.
Schreibt das Ergebnis als Hitliste auf.

> Klasse …: Unsere Internet-Hitliste
> 1. …

**Über eure Erfahrungen mit dem Internet könnt ihr euch
in Gruppen austauschen.**

 5 a. Schreibt die Plätze 1 bis 5 eurer Hitliste auf einzelne Blätter.
Richtet damit fünf Gruppentische ein.
b. Jeder wählt einen Gruppentisch aus.
c. Tauscht euch aus: Welche guten Erfahrungen
habt ihr gemacht? Welche schlechten?
d. Schreibt die Ergebnisse auf.
e. Präsentiert sie in der Klasse.

> Ich habe die Erfahrung gemacht, dass …
> Einmal ist es mir passiert, dass …
> Unsere Gruppenarbeit hat gezeigt, dass …

Eine Internet-Geschichte lesen und verstehen

📖 Gefahr im Netz

Dies ist eine wahre Geschichte eines 14-jährigen Mädchens aus North Carolina[1].

1 Shannon konnte die Schritte hinter sich hören, als sie
2 nach Hause ging. Der Gedanke, dass sie verfolgt wurde,
3 ließ ihr Herz schneller schlagen. Sie beschleunigte ihr
4 Schritttempo, doch die Schritte passten sich ihren an.
5 Dabei hatte der Tag doch so gut angefangen …

6 … „Endlich!", seufzte Shannon zufrieden: Der Kurzvortrag
7 über den Klimawandel war fertig. Die ganze Woche
8 hatte sie nach Material in der Stadtbücherei gesucht.
9 „Warum nicht mal im Internet suchen", hatte sie
10 zu sich selbst gesagt. Nach einigen Klicks fand sie
11 die direkte Kontaktadresse der Polarforscher.
12 Gleich schrieb sie eine E-Mail und erfuhr so das Neueste
13 über die Forschung.

14 „Da habe ich ja jetzt noch Zeit, um mit Sue zu skypen[2]",
15 freute sich Shannon. Ihre beste Freundin Sue war
16 zum Schüleraustausch nach Australien geflogen.

17 … Wer war da bloß hinter ihr? Shannon hatte Angst
18 und war froh, dass sie fast zu Hause war. Sie rannte
19 den Rest des Weges. Drinnen lehnte sie sich einen Moment
20 gegen die Tür. Sie war erleichtert, zu Hause zu sein.
21 Sie sah aus dem Fenster, ob jemand draußen war.
22 Der Gehweg war leer.

[1] **North Carolina**: ein Bundesstaat in den Vereinigten Staaten von Amerika
[2] **skypen**: im Internet mit dem Programm Skype telefonieren

✏️ **1** Beantworte folgende Fragen in Stichworten.
- Woran erinnerte sich Shannon auf ihrem Heimweg?
- Warum war Shannon erleichtert, als sie schließlich im Haus war?

→ Stichworte aufschreiben: Seite 292

Der letzte Rest des unguten Gefühls verflog rasch.

23 Shannon ging an ihren Schreibtisch. Sie ging online
24 und loggte sich unter ihrem Nicknamen[3] ByAngel213 ein.
25 Sie sah in ihre Buddy-Liste[4] und stellte fest, dass GoTo123
26 auch online war. Sie schickte ihm eine Nachricht.

27 ByAngel213: Hi! Ich bin froh, dass du online bist!
28 Ich hab geglaubt, dass mich jemand nach
29 Hause verfolgt hat. Es war total bedrohlich!
30 GoTo123:   Du guckst zu viel fern. Wieso sollte dich
31 jemand verfolgen?
32 ByAngel213: Vielleicht habe ich mir das nur eingebildet.
33 GoTo123:   Es sei denn, du hast deinen Namen
34 übers Internet rausgegeben. Das hast du
35 doch nicht gemacht, oder?
36 ByAngel213: Natürlich nicht. Ich bin doch nicht doof!
37 GoTo123:   Hattest du denn heute dein Softball-Spiel?
38 ByAngel213: Ja, und wir haben gewonnen!
39 GoTo123:   Das ist klasse! In welchem Team spielst du?
40 ByAngel213: Wir sind die Canton Cats. – Ich muss weg.
41 Muss noch meine Hausaufgaben machen. CU!
42 GoTo123:   Bis dann. CU!

43 GoTo123 ging zum Mitglieds-Menü und suchte nach
44 Angels Profil[5]. Als er das Profil fand, markierte er es
45 und druckte es aus. Er holte einen Stift und begann
46 aufzuschreiben, was er bis jetzt über Angel wusste.

[3] **der Nickname:** der Spitzname
[4] **die Buddy-Liste** [sprich: badiliste]: eine Freundesliste im Chatroom
[5] **das Profil:** Informationen, die über Shannon im Chatroom stehen

2 Beantworte folgende Fragen. Ergänze deine Stichworte.
  • Wer ist GoTo123?
  • Was verbindet Shannon-ByAngel213 mit GoTo123?

→ Stichworte aufschreiben: Seite 292

3 • Was notierte GoTo123?
  • Was hatte GoTo123 von ByAngel213
    über Shannon erfahren?

Name: …
Alter: …
wohnt in: …
Hobbys: …
Schule: …

Er wusste nun so viel über sie. Sie hatte ihm alles selbst erzählt. Er hatte jetzt genug Informationen, um sie zu finden.

47 Bis Donnerstag hatte Shannon die Verfolgung längst
48 vergessen. Sie war mitten im Spiel, als sie merkte,
49 dass jemand sie anstarrte. In diesem Moment fielen
50 ihr auch wieder die Schritte ein. Sie sah vom Spielfeld
51 nach oben und stellte fest, dass ein Mann
52 sie genau beobachtete. Der Mann erkannte den Namen
53 auf dem Rücken von Shannons Trikot. Er wusste,
54 dass er sie gefunden hatte. Später ging er
55 mit einem sicheren Abstand hinter ihr her. Als er wusste,
56 wo sie wohnt, ging er zurück und holte sein Auto.

57 Shannon saß in ihrem Zimmer, als sie Stimmen
58 im Wohnzimmer hörte. „Shannon, komm her",
59 rief ihr Vater. Er klang besorgt. Sie ging ins Zimmer und
60 sah den Mann vom Spielfeld auf dem Sofa sitzen.
61 „Setz dich", begann ihr Vater, „dieser Mann hat uns gerade
62 eine sehr interessante Geschichte über dich erzählt."
63 „Weißt du, wer ich bin, Shannon?", fragte der Mann.
64 Shannon schüttelte stumm den Kopf.
65 „Ich bin dein Online-Freund GoTo123."
66 „Das … das ist nicht möglich", stotterte Shannon.
67 „GoTo ist ein Junge in meinem Alter.
68 Er ist vierzehn und wohnt in Michigan[6]!"
69 „Ja, das habe ich dir erzählt.
70 Aber ich bin GoTo. Und ich bin Polizist."

[6] **Michigan** [sprich: mischigan]: Bundesstaat in den Vereinigten Staaten von
Amerika, der weit entfernt von South Carolina liegt

4 Beantworte folgende Fragen. Ergänze deine Stichworte.   → Stichworte aufschreiben: Seite 292
  • Welche Personen sprachen im Wohnzimmer miteinander?
  • Warum stotterte Shannon?

⁷¹ **Shannon starrte** den Polizisten **ungläubig** an. Sie versuchte,

⁷² sich zu erinnern, was sie ihm alles geschrieben hatte.

⁷³ Sie erinnerte sich an Dinge, die sie einem Erwachsenen

⁷⁴ niemals geschrieben hätte. Sie spürte einen Kloß im Hals

⁷⁵ und ein flaues Gefühl in der Magengegend – **wie peinlich**!

⁷⁶ Dann schaute sie ihren Vater an und **fühlte sich ertappt**.

⁷⁷ Sein besorgtes Gesicht machte ihr bewusst,

⁷⁸ **wie unvorsichtig** sie gewesen war. Sie war so **leichtgläubig**⁷

⁷⁹ in die erstbeste **Internet-Falle** getappt …

⁷ **leichtgläubig:** naiv, unkritisch

Shannon ist in eine gefährliche Falle getappt.
Wie konnte das geschehen?

W 👄 **5** Mit wem möchtest du über die Geschichte sprechen?
Wähle aus:
• Sprich mit einer Partnerin / einem Partner über Shannon.
• Oder sprecht in einer Gruppe über Shannon.
Verwende deine Stichworte von Seite 114 – 116.

Z **Shannon durchlebt verschiedene Gefühle.**

📖 **6** a. Lies die Geschichte noch einmal.
Achte besonders auf Shannons Gefühle.
b. Sieh dir die Smileys neben der Geschichte an.
Sie zeigen dir einige von Shannons Gefühlen.

✏️ **7** Wie fühlt sich Shannon im Verlauf der Geschichte?
Gestalte ein Gefühlsbarometer.
• Nimm ein A4-Blatt im Querformat.
• Zeichne die Achsen.
• Zeichne Smileys auf das Blatt. Je besser das Gefühl,
umso höher schwebt das Smiley.
• Schreibe neben jedes Smiley, wie Shannon sich fühlt.
• Schreibe zu jedem Smiley einen eigenen Satz oder
eine passende Textstelle.

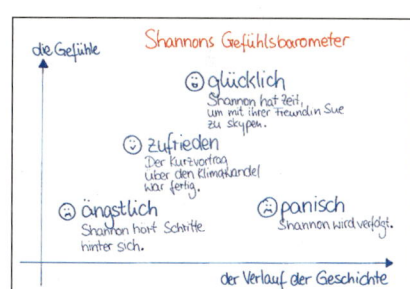

>>> ängstlich, beschämt,
einsam, enttäuscht,
erleichtert, erschrocken,
ertappt, froh, geborgen,
glücklich, panisch,
peinlich, sicher, stolz,
sprachlos, überrascht,
unruhig, verliebt,
verwirrt, zufrieden …

Meinungen und Argumente erkennen

**Shannons Schulfreunde erfahren von den Ereignissen.
Sie diskutieren im Internetforum der Schule.**

CookieBlue
Gemeinheit
Das ist eine Gemeinheit von dem Polizisten, dich so reinzulegen!
Alle chatten und du hast doch nichts falsch gemacht.

Guardian
Glück gehabt!
Sei froh, dass es nur der Polizist war und nicht irgendein Irrer!
Ich bin auch für das Chatten, aber man sollte wirklich aufpassen.
Wie weiß ich leider nicht.

Tiny
Alles easy
Ich finde, dass beim Chatten nichts passieren kann,
denn die meisten wollen doch bloß ihren Spaß haben.
Die meisten Chatfreunde kennt man sowieso aus der Schule.
Und beim Chatten kann man noch mehr coole Leute finden.

Zaza-too
Nein, danke!
Was heißt denn hier „die meisten"?
Und was ist mit den unbekannten Chatkontakten?
Man kann Chatten nicht sicherer machen.
Ich würde doch auf der Straße auch keinem Unbekannten
meinen Namen sagen oder meinen Hausschlüssel geben.

 1 Welche **Meinungen** haben die vier Schulfreunde?
Schreibe jeweils einen Satz auf.

Meinung

> CookieBlue meint, dass der Polizist …

 2 Wie begründen die Freunde ihre Meinungen?
Schreibe die **Gründe** (Argumente) dazu.

Grund

Stellung nehmen

„Ich finde, man kann Chatten sicherer machen!"
Um diese Meinung zu begründen, brauchst du gute Gründe.

Meinung

Ich chatte nur
mit Bekannten.

Ich nenne keine
persönlichen Daten.

Ich bitte bei Unsicherheiten
Erwachsene um Hilfe.

Ich verabrede mich
niemals mit Unbekannten.

Ich veröffentliche keine
persönlichen Informationen.

3 **a.** Wähle drei Gründe (Argumente) aus.
   b. Schreibe sie untereinander auf:
      den schwächsten zuerst, den stärksten zuletzt.

Grund

 Ich kann Chatten sicherer machen,
weil ich keine persönlichen Daten nenne.

Mit Beispielen kannst du deine Gründe (Argumente)
anschaulich machen und bestärken.

Beispiel

4 Schreibe zu deinen drei wichtigsten Gründen Beispiele auf.
   Kennzeichne das Beispiel mit **beispielsweise, zum Beispiel.**

 Ich nenne beispielsweise nicht meine Telefonnummer.

5 Nimm Stellung zu dem Thema:
   Ich finde, man kann Chatten sicherer machen!
   Verwende deine Ergebnisse von Aufgabe 3 und 4.
   • Nenne zuerst das Thema.
   • Schreibe dann deine Meinung in einem Satz auf.
   • Schreibe deine Gründe in Sätzen auf.
   • Veranschauliche deine Gründe mit Beispielen.
   • Schreibe einen Satz zum Schluss.

→ Stellung nehmen: Seite 294

Schriftlich Stellung nehmen

**Es gibt viele Themen und Fragen, zu denen man
eine unterschiedliche Meinung haben kann.**

 1 Welche Meinung hast du zu der Frage:
Das Internet verbindet Menschen – ja oder nein?
Schreibe deine Meinung auf.

 2 Welche Gründe passen zu deiner Meinung?
Wähle aus.

> Durch das Internet können Menschen mit Freunden und
> Verwandten in Kontakt bleiben, die weggezogen sind.

> Durch das Internet werden aber auch persönliche Kontakte
> verringert. Statt Anrufen oder Treffen werden Chats genutzt oder
> Nachrichten geschrieben.

> Unterlagen, persönliche Nachrichten und Bilder können
> sehr schnell verschickt werden. Daher muss niemand mehr
> lange auf Post warten.

> Das Internet sorgt außerdem für Faulheit. Was Leute früher
> selbst tun mussten, geschieht heute durch einen Mausklick.

 3 Ordne deine Gründe. Schreibe den schwächsten zuerst,
den stärksten zuletzt auf.

 4 Finde zu deinen Gründen Beispiele.

 5 Nimm Stellung zu dem Thema:
Das Internet verbindet Menschen – ja oder nein?
Verwende deine Ergebnisse aus den Aufgaben 1 bis 4.
- Nenne zuerst das Thema.
- Schreibe dann deine Meinung in einem Satz auf.
- Schreibe deine Gründe in Sätzen auf.
- Veranschauliche deine Gründe mit Beispielen.
- Schreibe einen Satz zum Schluss.

→ Stellung nehmen: Seite 294

Meinungen und Argumente unterscheiden

**Zum sicheren Verhalten im Internet gibt es viele Meinungen.
Nicht immer werden diese Meinungen begründet.**

 1 Lies die Kommentare im Internetforum.

Jim-yo

Top secret

Ich bin immer total vorsichtig mit meinem Namen im Chat.
Denn der kann schon so viel über mich verraten. Zum Beispiel
verrät ein Geburtsdatum im Nicknamen ja auch mein Alter!
Das will ich Fremden auf keinen Fall mitteilen.

Lanz222

Sei nicht blöd

Genauso blöd ist es, jedem die eigene E-Mail-Adresse zu geben.

Katzepink

!!!

Ich möchte aber meinen Freundinnen schon gern E-Mails
schreiben, auch den neuen.

Matze

Sicher

Du kannst doch E-Mails schreiben. Verwende doch einfach
deinen Nicknamen in der E-Mail-Adresse und
nicht deinen echten Namen.

---

 2 • Wer schreibt nur seine Meinung?
• Wer begründet seine Meinung?
• Wer nennt auch ein Beispiel?
Schreibe es für die einzelnen Namen auf.

 Jim-yo schreibt …

Verschiedene Meinungen

Die Klasse plant einen Klassen-Chat.
Die Schülerinnen und Schüler diskutieren über die Regeln.

📖 Ich bin dagegen, dass …

1 Isabel: Ein Chat ist super! Ich bin dafür, dass möglichst
2 viele Leute aus der Schule mitmachen.
3 Pedro: Ich bin dagegen, dass der Chat zu groß wird.
4 Wir sollten nur Leute aus unserer Klasse zulassen.
5 Isabel: Ich bin dafür, dass wir uns Nicknamen geben.
6 Das ist lustig und wir sind besser geschützt.
7 Pedro: Ich finde es nicht in Ordnung, dass wir Nicknamen
8 in einem Klassen-Chat benutzen.
9 Jeder sollte dazu stehen, was er schreibt.
10 Tessa: Ich wünsche mir, dass wir Lehrer als Moderatoren[1]
11 für den Chat zulassen. Die lesen, wer was schreibt.
12 Sie passen auf, dass nichts passiert.
13 Isabel: Ich bin dagegen, dass Erwachsene im Chat
14 dabei sind. Dann kann jeder schreiben,
15 was er will.

[1] **der Moderator – die Moderatorin:** eine Person, die ein Gespräch leitet

1 a. Schreibe das Gespräch ab.
    b. Wer ist dafür und stimmt zu? Markiere grün.
      Wer ist dagegen und widerspricht? Markiere rot.

→ Sätze abschreiben: Seite 300

➡ Ich bin dafür, dass möglichst viele Leute …

2 a. Zeichne eine Tabelle.
    b. Ordne die markierten Textstellen ein.

→ Eine Tabelle zeichnen: Seite 292

➡

zustimmen	widersprechen
Ich bin dafür, dass …	…

Oft kannst du schon am Anfang des Satzes erkennen, ob jemand zustimmt oder widerspricht.

Ich bin dafür, dass …

Ich finde es gut, dass …

Ich bin nicht dafür, dass …

Ich finde es nicht gut, dass …

Ich möchte, dass …

3 Ordne die Satzanfänge in deine Tabelle.

4 Ein Klassen-Chat ist gut:
Stimmst du zu  oder widersprichst  du?

a. Bilde Sätze mit Hilfe der Sprechblasen.
b. Schreibe die Sätze auf.

…, dass Lehrer im Klassen-Chat dabei sind.

…, dass Jugendliche den ganzen Nachmittag chatten.

…, dass möglichst viele Leute im Chat sind.

…, dass Leute im Chatroom Nicknamen benutzen.

Z **5** Und was meinst **du**?
Schreibe deine Meinung zu einem der folgenden Sätze auf.
• Deine Klasse möchte einen Klassen-Chat eröffnen.
• Deine Klasse möchte eine Klassenfahrt machen.
• Deine Klasse will eine Klassenparty organisieren.
Verwende dabei einen passenden Satzanfang.

Training: Meinungen äußern und begründen

Meinungen und Argumente erkennen

Wie lange bist du täglich im Internet?
Bleibt noch genügend Zeit für deine Freunde und für wichtige Aufgaben?
In diesem Online-Artikel erfährst du von einem Stopp-Schalter für das Internet.

Raus aus der Zeitfalle

1 **Neues Internet-Tool[1] verspricht kontrolliertes Surfen**

2 Wie Wissenschaftler feststellten, verbringen

3 immer mehr Jugendliche viel mehr Zeit im Internet.

4 Zwischen zwei und drei Stunden sind

5 die 12- bis 19-Jährigen im Durchschnitt online.

6 Beim Surfen passiert es nicht selten,

7 dass der Überblick über die Zeit verloren geht.

8 Für Familie, Freunde, Hobbys und auch wichtige

9 Aufgaben bleibt manchmal keine Zeit mehr.

10 Abhilfe kann ein neues Internet-Tool schaffen.

11 Damit kann man den Internetzugang für mehrere

12 Stunden täglich unterbrechen und nur noch

13 E-Mails empfangen. So kann man das eigene

14 Surfverhalten kontrollieren und beschränken.

15 Die Familienministerin empfiehlt allen Eltern

16 das Internet-Tool.

[1] das Tool [sprich: tuhl]: ein Computerprogramm

1 Beantworte die Fragen. Schreibe in Sätzen:
- Was haben Wissenschaftler festgestellt?
- Wie lange sind die Jugendlichen im Durchschnitt online?
- Was passiert vielen Jugendlichen beim Surfen?
- Wofür bleibt oft keine Zeit?
- Was kann man mit dem neuen Tool machen?
- Wer empfiehlt das Tool?

Vier Jugendliche haben zu dem Artikel ihre Meinung geschrieben.

Alex (13): „Ich verbringe jeden Nachmittag
in meinem Online-Rollenspiel. Mit dem Tool könnte es sein,
dass ich mitten im Spiel rausfliege – schrecklich!"

Janis (14): „Beim Online-Spielen vergesse ich oft die Zeit.
Ich bin oft länger online, als ich darf. Dann gibt es immer Stress
mit meiner Mutter. Das Tool würde für weniger Ärger sorgen!"

Mailin (14): „Ich finde das Tool total blöd!
Wenn ich nicht jeden Tag bis zum Abend im Chat bin, verliere ich
den Kontakt mit Freunden und bin nicht mehr angesagt."

Sinem (12): „Ich klicke mich manchmal sehr lange durchs Internet.
Hinterher ärgere ich mich dann, weil ich so keine Zeit mehr habe,
meine Freunde zu treffen. Das Tool wäre für mich ganz gut."

 2 Welche Meinung haben die Jugendlichen
zu dem Internet-Tool?
Schreibe zu jedem Jugendlichen einen Satz auf.

⟫⟫ ... behauptet, dass ...
... findet, dass ...
... glaubt, dass ...
... sagt, dass ...

➡ Alex meint, dass das Internet-Tool ...

 3 Wie begründen die Jugendlichen ihre Meinungen?
Ordne die Gründe in eine Tabelle ein.

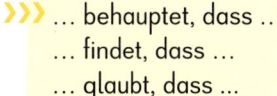

Gründe für das Tool	Gründe gegen das Tool
...	– mitten im Spiel nicht mehr online

 4 a. Ordne auch diese Gründe in die Tabelle ein.
b. Denk dir auch eigene Gründe aus und ordne sie ein.

Freunde sind nicht immer zur gleichen Zeit online, ein Tool schränkt ein.	Das Tool einrichten und löschen ist aufwändig.
Ich habe schon öfter Freunde versetzt, weil ich beim Surfen die Zeit vergessen habe.	Mit dem Tool bleibt mehr Zeit für Sport.

Stellung nehmen

Wäre das neue Internet-Tool auch für dich gut?
Du kannst dazu Stellung nehmen.
Dafür brauchst du starke Gründe (Argumente).

 5 Welche Meinung hast du zu dem Tool?
Schreibe deine Meinung auf.

> Ich finde das Tool …
> Ich meine, dass …
> Meine Meinung ist, dass …

6 Welche Gründe passen zu deiner Meinung?

 a. Lies noch einmal die Gründe in deiner Tabelle.
b. Wähle drei Gründe aus, die deine Meinung unterstützen.
Markiere sie.

 7 Wie stark sind deine Gründe?

a. Ordne nun deine Gründe aus den Aufgaben 3 und 4.
b. Schreibe den schwächsten zuerst, den stärksten zuletzt.

Mit Beispielen kannst du Gründe anschaulicher machen
und bestärken.

 8 Finde zu deinen drei stärksten Gründen Beispiele.
Schreibe sie auf.
Kennzeichne das Beispiel mit **beispielsweise**, **zum Beispiel**.

> Das Tool hilft beispielsweise …
> Mit dem Tool könnte ich zum Beispiel …

Mit deinen Ergebnissen kannst du nun Stellung nehmen.

 9 a. Nenne zuerst kurz das Thema.

b. Schreibe dann deine Meinung in einem Satz auf.

 Meinung

> ➡ Ich möchte mich zum Thema … äußern.
> Ich finde, dass …

 10 a. Schreibe drei Gründe in Sätzen auf.
Deine Ergebnisse von Seite 128 helfen dir dabei.

b. Veranschauliche deine Gründe mit Beispielen.

Grund

Beispiel

 11 Schreibe zwei bis drei Sätze zum Schluss.
• Was empfiehlst du den anderen?
• Welche Tipps hast du gegen zu langes Surfen?
• Wie wirst du deine freie Zeit künftig nutzen?

> ➡ Ich empfehle …
> Man könnte …
> Mein Tipp ist: …

**Mit Hilfe einer Checkliste kannst du
deine Stellungnahme überarbeiten.**

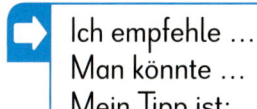

Checkliste: Schriftlich Stellung nehmen	ja	nein
Habe ich das Thema genannt?	▪	▪
Habe ich meine Meinung in einem vollständigen Satz formuliert?	▪	▪
Steht mein stärkster Grund am Schluss?	▪	▪
Habe ich meine Gründe mit Beispielen unterstützt?	▪	▪

 12 a. Prüfe deine Stellungnahme mit Hilfe der Checkliste:
• Was ist gut gelungen?
• Was kannst du noch verbessern?

b. Überarbeite deine Stellungnahme.
Tipp: Wende auch den Rechtschreib-Check an.

→ Rechtschreib-Check:
Seite 246–249

Gedichte an die Sonne
Die Kraft der Sonne

💬 **1** Was seht ihr auf dem Bild? Beschreibt.

📖 Mählich[1] durchbrechende Sonne   Arno Holz

Schönes
grünes, weiches
Gras.
Drin
liege ich.
Inmitten goldgelber
Butterblumen!
Über mir … warm … der Himmel:
Ein
weites, schütteres,
lichtwühlig, lichtblendig, lichtwogig
zitterndes
Weiß,
das mir die
Augen
langsam … ganz … langsam
schließt.
Wehende … Luft … kaum merklich
ein Duft, ein
zartes … Summen.
Nun
bin ich fern
von jeder Welt,
ein sanftes Rot erfüllt mich ganz,
und
deutlich … spüre ich … wie die
Sonne
mir durchs Blut
rinnt.
Minutenlang
Versunken
alles … Nur noch
ich.
Selig[2]!

[1] **mählich**: eigentlich allmählich; Die Sonne scheint langsam, immer stärker durch die Wolken hindurch.

[2] **selig**: hier: glücklich

Die Welt wird durch die Sonne etwas Besonderes.

2 **a.** Welche Wörter findest du besonders in dem Gedicht? Lies sie vor.

b. Was stellst du dir vor, wenn du diese Wörter hörst?

c. Welche Wörter in dem Gedicht beschreiben das Bild? Nenne Beispiele und erkläre sie.

> **Merkmal:**
> Eine besondere Sprache bringt Gedichte zum Klingen.

In dem Gedicht beschreibt der Sprecher, was er sieht und was er fühlt.

3 Finde passende Textstellen. Lies sie vor.
- Wo befindet sich der Sprecher im Gedicht?
- Was sieht der Sprecher?
- Was fühlt der Sprecher?

Tipp: Lege eine Folie über das Gedicht und markiere die Stellen.

Adjektive beschreiben, wie etwas ist. Dadurch entstehen Bilder in unserem Kopf.

> **Merkmal:**
> Die besondere Sprache malt Bilder in unserem Kopf.

4 **a.** Lies die Wortgruppen mit den Adjektiven zuerst leise.

b. Lies die Wortgruppen dann betont vor.

> schönes, grünes, weiches Gras
> goldgelbe Butterblumen
> das mir die Augen langsam ... ganz langsam ... schließt
> ein sanftes Rot

W **5** Übe nun, das Gedicht vorzutragen.
- Übe das ganze Gedicht.
- Oder übe Teile des Gedichts.

Tipps: • Beachte die Gefühle des Sprechers.
- Beachte die Arbeitstechnik **Ausdrucksvoll vortragen**.

⚙ Arbeitstechnik

Ausdrucksvoll vortragen

Ich probiere beim Vortragen verschiedene Möglichkeiten aus:
- Ich **betone wichtige Wörter**.
- Ich lese **mal langsam** und **mal schnell**.
- Ich lese **mal laut** und **mal leise**.
- Ich mache **Pausen**.

Die Sonne in Songtexten

Auch Lieder handeln von der Sonne.
Mit diesem Song sehnt sich die Band „Rosenstolz" nach Sonne.

📖 Gib mir Sonne   Peter Plate, AnNa R., Ulf Sommer

Strophe 1:

1 Es kann gar nicht hell genug sein
2 Alle Lichter dieser Welt
3 Sollen heute für mich leuchten
4 Ich werd' rausgeh'n
5 Mich nicht umdreh'n
6 Ich muss weg.

    […]

Refrain:

1 Gib mir Sonne
2 Gib mir Wärme
3 Gib mir Licht
4 All die Farben wieder zurück
5 Verbrenn den Schnee
6 Das Grau muss weg
7 Schenk mir 'n bisschen Glück
8 Wann kommt die Sonne
9 Kann es denn sein
10 Dass mir gar nichts mehr gelingt
11 Wann kommt die Sonne
12 Kannst du nicht seh'n
13 Dass ich tief im Schnee
14 Versink

    […]

1 **a.** Hört euch gemeinsam den Song an.
  • Was gefällt euch gut?
  • Was gefällt euch nicht?
 b. Ihr könnt den Refrain selbst singen.
 c. Worum geht es in dem Song?
 Tipp: Den vollständigen Text findet ihr auf Seite 319.

2 Wer spricht in diesem Songtext mit wem?
 Woran habt ihr das erkannt? Lest die Zeilen vor.

3 Was könnte der Sprecher in dem Text fühlen?
 Begründet.

➡ Er fühlt sich …

››› einsam, verlassen, traurig, hoffnungslos, sehnsüchtig, unglücklich …

Der Sprecher wünscht sich: Gib mir Sonne.

4 Was ist damit gemeint?
 Vermutet.

Der Ausdruck Sonne geben ist nicht wörtlich gemeint, sondern bildlich. Er hat eine übertragene Bedeutung. Das nennen wir Metapher.

Merkmal:
In vielen Gedichten gibt es Metaphern. Das sind Wörter in übertragender Bedeutung.

5 Auch die folgenden Metaphern stehen in dem Song.
 Vermutet, was damit gemeint ist.

 Verbrenn den Schnee
 Das Grau muss weg
 Dass ich tief im Schnee versink

Geschichten in Gedichten: Balladen

Schiff in Not!

Ein Feuer auf einem Schiff ist eine tödliche Gefahr.

1 Lest die Sprechblasen mit verteilten Rollen.

Haben Sie schon von dem furchtbaren Unglück auf der „Schwalbe" gehört?

Aber ja! Mein Neffe Bill war Matrose auf dem Schiff. Er hat mir geschrieben …

die Tante von Bill

2 Was ist nacheinander geschehen?
Ordnet die Bilder in der richtigen Reihenfolge.
Tipp: Die Buchstaben ergeben ein Lösungswort.

F

E

E

U

R

3 Setzt das Gespräch von Bills Tante fort.
Orientiert euch dabei an den Bildern von Aufgabe 2.

Oje, ist Bill verletzt worden?

Nein, aber er hat alles hautnah miterlebt …

>>> ausbrechen – es ist ausgebrochen;
brennen – es hat gebrannt;
retten – er hat gerettet;
sinken – es ist gesunken;
steuern – er hat gesteuert

**Von dem Unglück auf dem Schiff erzählt auch
Theodor Fontane in seiner Ballade.**

4 Lest die Ballade. Wendet die Schritte vom Textknacker an. ➜ Textknacker: Seite 288

 John Maynard Theodor Fontane

1 John Maynard!
2 „Wer ist John Maynard?"
3 „John Maynard war unser Steuermann,
4 Aus hielt er, bis er das Ufer gewann,
5 Er hat uns gerettet, er trägt die Kron',
6 Er starb für uns, unsre Liebe sein Lohn.
7 John Maynard."

8 Die Schwalbe fliegt über den Eriesee,
9 Gischt¹ schäumt um den Bug² wie Flocken von Schnee,
10 Von Detroit fliegt sie nach Buffalo –
11 Die Herzen aber sind frei und froh,
12 Und die Passagiere mit Kindern und Fraun
13 Im Dämmerlicht schon das Ufer schaun,
14 Und plaudernd an John Maynard heran
15 Tritt alles: „Wie weit noch, Steuermann?"
16 Der schaut nach vorn und schaut in die Rund':
17 „Noch dreißig Minuten ... Halbe Stund."

18 Alle Herzen sind froh, alle Herzen sind frei –
19 Da klingt's aus dem Schiffsraum her wie ein Schrei,
20 „Feuer!", war es, was da klang,
21 Ein Qualm aus Kajüt'³ und Luke⁴ drang,
22 Ein Qualm, dann Flammen lichterloh,
23 Und noch zwanzig Minuten bis Buffalo.

24 Und die Passagiere, bunt gemengt,
25 Am Bugspriet⁵ stehn sie zusammengedrängt,
26 Am Bugspriet vorn ist noch Luft und Licht,
27 Am Steuer aber lagert sich's dicht,
28 Und ein Jammern wird laut: „Wo sind wir? Wo?"
29 Und noch fünfzehn Minuten bis Buffalo.

¹ **die Gischt:** Schaum auf den Wellen
² **der Bug:** vorderer Teil des Schiffes
³ **Kajüt'** von **die Kajüte:** Schlafraum auf dem Schiff
⁴ **die Luke:** Eingang zum Innenraum des Schiffes
⁵ **der Bugspriet:** Mast, der über den vorderen Teil des Schiffes hinausragt

30 Der Zugwind wächst, doch die Qualmwolke steht,
31 Der Kapitän nach dem Steuer späht,
32 Er sieht nicht mehr seinen Steuermann,
33 Aber durchs Sprachrohr fragt er an:
34 „Noch da, John Maynard?"
35   „Ja, Herr. Ich bin."
36 „Auf den Strand! In die Brandung!"
37   „Ich halte drauf hin."
38 Und das Schiffsvolk jubelt: „Halt aus! Hallo!"
39 Und noch zehn Minuten bis Buffalo.

40 „Noch da, John Maynard?" Und Antwort schallt's
41 Mit ersterbender Stimme: „Ja, Herr, ich halt's!"
42 Und in die Brandung, was Klippe, was Stein,
43 Jagt er die Schwalbe mitten hinein.
44 Soll Rettung kommen, so kommt sie nur so.
45 Rettung: der Strand von Buffalo.
        *

46 Das Schiff geborsten[6]. Das Feuer verschwelt[7].
47 Gerettet alle. Nur einer fehlt!
        *

48 Alle Glocken gehn; ihre Töne schwell'n
49 Himmelan aus Kirchen und Kapell'n,
50 Ein Klingen und Läuten, sonst schweigt die Stadt,
51 Ein Dienst nur, den sie heute hat:
52 Zehntausend folgen oder mehr,
53 Und kein Aug' im Zuge, das tränenleer.

54 Sie lassen den Sarg in Blumen hinab,
55 Mit Blumen schließen sie das Grab,
56 Und mit goldner Schrift in den Marmorstein
57 Schreibt die Stadt ihren Dankspruch ein:
58   „Hier ruht John Maynard! In Qualm und Brand
59   Hielt er das Steuer fest in der Hand,
60   Er hat uns gerettet, er trägt die Kron',
61   Er starb für uns, unsre Liebe sein Lohn.
62   John Maynard."

[6] **geborsten**: zerbrochen   [7] **verschwelt**: ausgebrannt, erloschen

👥 **5** **a.** Lest die Schlüsselwörter aus jeder Strophe vor.
       b. Lest die Worterklärungen. Sprecht darüber.

Z 💬 **6** Welche Fragen habt ihr an die Ballade?
       Stellt eure Fragen und findet gemeinsam Antworten.

> **Merkmal:**
> Eine Ballade ist
> ein besonderes
> Gedicht, meist mit
> mehreren Strophen.

Der Dichter lässt die Personen in der Ballade sprechen. Er benutzt dazu wörtliche Rede: „Wie weit noch, Steuermann?"

> **Merkmal:**
> In einer Ballade gibt es oft wörtliche Rede.

7 Lest nur die wörtliche Rede vor.
Wechselt euch nach jeder wörtlichen Rede ab.

8 **a. Wer** spricht jeweils?
    • Legt eine Folie auf die Strophen.
    • Markiert die Sprecher mit verschiedenen Farben.
  b. Wie wird jeweils gesprochen?
    Beschreibt mit passenden Adjektiven.

>>> die Passagiere, John Maynard, der Kapitän

>>> ängstlich, besorgt, feierlich, fröhlich, laut, mutig, schwach, traurig
…

9 Lest die Ballade mit verteilten Rollen.
Verwendet eure Ergebnisse aus Aufgabe 8.
Tipp: Ihr braucht auch einen oder mehrere Erzähler.

Damit ihr die Spannung auf dem Schiff miterleben könnt, benutzt der Dichter besondere sprachliche Mittel.

> **Merkmal:**
> In einer Ballade geht es oft um ein dramatisches Geschehen.

10 Wie steigt die **Spannung** in der Ballade?

  a. Findet die Textstellen. Lest sie vor.
  b. Beschreibt, was jeweils spannend und dramatisch ist.

11 Wie verändert sich die **Stimmung** auf dem Schiff?
Sammelt in einer Tabelle.

Zeit	Stimmung
30 Minuten	ruhig, gut
20 Minuten	Feuer → …
…	…

12 Lest die Ballade noch einmal mit verteilten Rollen.
Macht die **Spannung** und **Stimmung** hörbar.

13 Tragt die Ballade mit verteilten Rollen vor.
Verwendet eure Ergebnisse aus den Aufgaben 8 bis 10.

Rettung in stürmischer See

Auch die folgende Ballade handelt von einem Schiffsunglück und einer dramatischen Rettung.

1 Lies die Ballade. Wende die Schritte vom Textknacker an. → Textknacker: Seite 288

 Nis Randers   Otto Ernst

1 Krachen und Heulen und berstende Nacht,
2 Dunkel und Flammen in rasender Jagd –
3 Ein Schrei durch die Brandung[1]!

4 Und brennt der Himmel, so sieht man's gut:
5 Ein Wrack[2] auf der Sandbank! Noch wiegt es die Flut;
6 Gleich holt sich's der Abgrund.

7 Nis Randers lugt[3] – und ohne Hast
8 Spricht er: „Da hängt noch ein Mann im Mast;
9 Wir müssen ihn holen."

10 Da fasst ihn die Mutter: „Du steigst mir nicht ein:
11 Dich will ich behalten, du bliebst mir allein,
12 Ich will's, deine Mutter!

13 Dein Vater ging unter und Momme, mein Sohn;
14 Drei Jahre verschollen ist Uwe schon,
15 Mein Uwe, mein Uwe!"

16 Nis tritt auf die Brücke. Die Mutter ihm nach!
17 Er weist nach dem Wrack und spricht gemach[4]:
18 „Und seine Mutter?"

19 Nun springt er ins Boot und mit ihm noch sechs:
20 Hohes, hartes Friesengewächs;
21 Schon sausen die Ruder.

22 Boot oben, Boot unten, ein Höllentanz!
23 Nun muss es zerschmettern ...! Nein: es blieb ganz! ...
24 Wie lange? Wie lange?

25 Mit feurigen Geißeln[5] peitscht das Meer
26 Die menschenfressenden Rosse[6] daher;
27 Sie schnauben und schäumen.

28 Wie hechelnde[7] Hast sie zusammenzwingt!
29 Eins auf den Nacken des andern springt
30 Mit stampfenden Hufen!

31 Drei Wetter zusammen! Nun brennt die Welt!

32 Was da? – Ein Boot, das landwärts[8] hält –

33 Sie sind es! Sie kommen! – –

34 Und Auge und Ohr ins Dunkel gespannt …

35 Still – ruft da nicht einer? – Er schreit's durch die Hand:

36 „Sagt Mutter, 's ist Uwe!"

[1] **die Brandung**: sich an der Küste brechende Wellen	[5] **die Geißeln**: die Peitschen
[2] **das Wrack**: stark beschädigtes Schiff	[6] **die Rosse**: die Pferde
[3] **er lugt**: er schaut vorsichtig	[7] **hechelnd**: schnell atmend
[4] **er spricht gemach**: er spricht ruhig und langsam	[8] **landwärts**: zum Land hin

 2
- Lest die Schlüsselwörter in jeder Strophe vor.
- Welche Wörter werden durch die Bilder erklärt?
- Welche Wörter werden unter dem Text erklärt?

3 Worum geht es in der Ballade? Fasst den Inhalt zusammen.

4 Was erfahrt ihr über Nis und seine Familie?

5 Nis und seine Mutter sprechen miteinander.
Lest die wörtliche Rede mit verteilten Rollen.

> **Merkmal:**
> Eine Ballade erzählt
> eine Geschichte.

W **6** Wählt aus:
- Spielt das Gespräch zwischen Nis und
  seiner Mutter als Szene.
- Oder baut ein Standbild.

→ Eine Szene spielen:
   Seite 298

→ Ein Standbild bauen:
   Seite 295

7 Wie fühlen sich Nis und seine Mutter?
Was habt **ihr** beim Szenenspiel oder dem Standbild gefühlt?
- Wie haben sich die Darsteller gefühlt?
- Wie haben die Zuschauer die Szene erlebt?
Wertet die Aufgabe 6 aus.

Z **8** Was fühlten und dachten die Männer,
während sie auf See waren? Beschreibt.

> ➡ Entschlossen sprangen wir in das Boot …

Training:
Eine Ballade zusammenfassen

 1 Worum geht es in der Ballade **John Maynard**?
Lies noch einmal auf den Seiten 141 und 142.

 2 Schreibe wichtige Stichworte zu der Ballade auf.
Beantworte dazu die folgenden W-Fragen:

Wer ist die Hauptperson?	**Was denkt** oder **sagt** die Hauptperson?
Was möchte die Hauptperson?	**Was fühlt** die Hauptperson?
Wo spielt die Geschichte?	**Was** tut die Hauptperson?
Wann spielt die Geschichte?	**Wie löst sich** die Spannung am Schluss auf?
Was passiert auf einmal?	

Mit einer Inhaltsangabe kannst du jemanden über einen Text informieren. Dafür brauchst du noch weitere Angaben.

 3 Beantworte die folgenden Fragen in Stichworten.
• Wie ist der Titel des Textes?
• Was ist das für ein Text?
• Wer ist der Autor?
Tipp: Auf Seite 141 oben findest du die Antworten.

→ Stichworte aufschreiben: Seite 292

Zuerst schreibst du die Einleitung.

 4 Schreibe nun die Einleitung in Sätzen auf. Ergänze.
Schreibe im Präsens.

Die ▨▨▨ John Maynard von ▨▨▨ spielt wahrscheinlich
an einem Morgen auf ▨▨▨.

Die Hauptperson ist ▨▨▨. In der Ballade geht es darum,

wie ein ▨▨▨ an Bord ausbricht und der Steuermann

John Maynard alle Passagiere ▨▨▨. Er selbst ▨▨▨.

》》》 Ballade
einem Schiff
Theodor Fontane
Feuer
John Maynard
rettet
stirbt

Nun schreibst du den Hauptteil.

 5 Fasse den Inhalt der Ballade zusammen. Ergänze.

Auf dem Passagierschiff Schwalbe bricht ein ▓▓▓ aus. 〉〉〉

Die Menschen können nur gerettet werden, wenn

das Schiff das Ufer schnell erreicht. Der Steuermann

John Maynard bleibt trotz Feuer und ▓▓▓ auf seinem

Posten. Er steuert das ▓▓▓ an das Ufer, aber er ▓▓▓

dabei. Die Menschen von Buffalo ▓▓▓ John Maynard

auf dem Friedhof der Stadt ▓▓▓. Die Geretteten und

die Einwohner von Buffalo ▓▓▓ um ihn.

> begraben
> Schiff
> stirbt
> Qualm
> trauern
> Buffalo
> Feuer

Den Schluss kannst du unterschiedlich schreiben.

W  **6** Wähle aus:
- Schreibe, wie dir die Ballade gefallen hat und warum.
- Oder schreibe, welche Fragen du noch an den Text hast.

 7 Überarbeite deine Inhaltsangabe mit Hilfe der Checkliste.
Tipp: Prüfe die Rechtschreibung
mit dem **Rechtschreib-Check**.

→ Der Rechtschreib-Check: Seite 246–249

Checkliste: Eine Inhaltsangabe schreiben	ja	nein
Gibt meine Inhaltsangabe das Wichtigste aus dem Text wieder?	▓	▓
Habe ich in der Einleitung den Titel, die Textart und den Autor genannt?	▓	▓
Habe ich in der Einleitung auch kurz gesagt, worum es in dem Text geht?	▓	▓
Habe ich im Hauptteil den Inhalt zusammengefasst?	▓	▓
Habe ich einen Schluss geschrieben?	▓	▓
Habe ich das Präsens verwendet?	▓	▓

Die abenteuerlichen Reisen des Marco Polo

Wer war Marco Polo?

Vor über 700 Jahren reiste Marco Polo um die halbe Welt. Dieses Kapitel erzählt dir von seinem Leben. Zum Schluss kannst du erzählen, was du über Marco Polo erfahren hast.

Wer war Marco Polo und wann lebte er?

Marco Polo wurde
vor langer Zeit geboren,
ungefähr im Jahr 1254.

Man kennt die Jahreszahl
aber nicht genau.

So könnte Marco Polo
ausgesehen haben,
als er 17 Jahre alt war.

 1 Vor wie vielen Jahren wurde Marco Polo geboren?
Rechne es aus.

 2 Wie sieht Marco Polo auf dem Bild aus?
Beschreibe ihn.
Die folgenden Fragen helfen dir dabei:
- **Wie** sieht die Person **insgesamt** aus?
- **Wie** sieht das **Gesicht** aus?
- **Wie** sehen die **Haare** aus?
- **Wie** sieht die **Kleidung** aus?
- **Was fällt** dir an der Person **besonders auf**?
- **Wie wirkt** die Person auf dich?

››› Er sieht … aus.
Sein/e … sind/ist …
Er trägt …
Er wirkt …

braun, dunkel, ernst,
fransig, hell, jung,
schmal, schlank, stolz

der Schatten,
der Scheitel, das Kinn,
die Augenfarbe,
die Augenbrauen

 ## Wo lebte Marco Polo als Kind und als Jugendlicher?

Marco Polo wurde in Venedig geboren und wuchs dort auch auf. Venedig gibt es auch heute noch. Es ist eine Stadt in Italien.

 3 Finde Venedig im Atlas.

 4 **a.** Sieh dir das Foto von Venedig von heute an.
b. Beschreibe, was du siehst.

>>> die Häuser,
die Dächer,
die Hausfassaden,
die Gondeln,
das Wasser …

Wer war Marco Polos Vater?

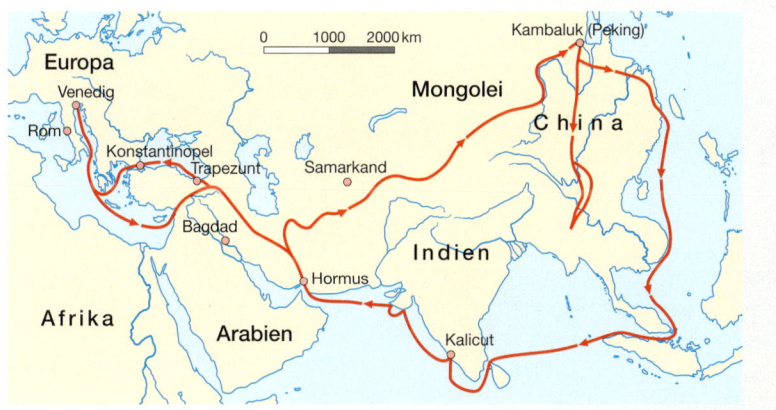

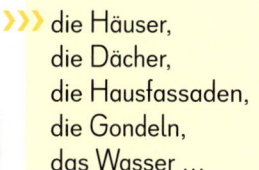

Legende:
der Reiseweg

der Maßstab
0   1000   2000 km

Marcos Vater war Kaufmann. Zusammen mit Marcos Onkel reiste er in die weite Welt: mit dem Schiff, zu Fuß, mit dem Pferd und mit dem Kamel. Ihre Reise führte sie bis ins ferne China.

 5 **a.** Sieh dir den Reiseweg auf der Karte an.
 b. Wie viele Kilometer haben Marcos Vater und sein Onkel insgesamt (hin und zurück) zurückgelegt? Rechne es aus.

Marco Polos Geschichte

Über die Reisen von Marco Polo kannst du in der folgenden
Geschichte lesen. Zum Schluss kannst du erzählen,
was Marco auf seinen Reisen erlebte.

 **1** Lies die Textausschnitte.
Wende die Schritte vom Textknacker an.

→ Textknacker: Seite 288

1. Schritt: Vor dem Lesen	⟩⟩⟩ 1. die Bilder die Überschrift
2. Schritt: Das erste Lesen	2. die Absätze die Schlüsselwörter
3. Schritt: Den Text genau lesen	3. der ganze Text

 ## Die abenteuerlichen Reisen des Marco Polo
nach Anke Dörrzapf und Claudia Lieb

**Die Reise von Marcos Vater Niccolo und seinem Onkel
Matteo Polo dauert viele Jahre.
Keiner aus der Familie erwartet, die beiden jemals wiederzusehen.
Doch als Marco Polo 17 Jahre alt ist, geschieht etwas Unerwartetes.**

1 Es klopft an der Tür der Familie Polo in Venedig.
2 „Wer ist da!", ruft das Dienstmädchen aus dem ersten Stock.
3 „Eure Herren! Niccolo und Matteo Polo", dringt
4 eine tiefe Stimme von draußen bis in Marcos Zimmer.
5 „Oh mein Gott!", seufzt das Dienstmädchen, rennt die Stufen
6 hinunter. Einen Moment erstarrt Marco. Sein Vater Niccolo
7 und sein Onkel Matteo sind tatsächlich zurück.

8 **Der Vater von Marco** war als **Kaufmann auf Handelsreisen**
9 gegangen, als seine Frau mit Marco schwanger war.
10 Marco hatte seinen Vater deshalb **noch nie gesehen**.

11 Oft **hat Marco versucht sich vorzustellen,**
12 **wie sein Vater wohl aussehen mag, wo er** gerade **ist**.
13 Hin und wieder klopften Kaufleute an die Tür
14 und erzählten, dass Vater und Onkel gesund seien.
15 Dann **hörte Marco** wieder **jahrelang nichts**.
16 Aber er spürte in den Stimmen der Verwandten die Angst,
17 der Vater könnte verschwunden sein,
18 krank irgendwo in Persien[1] liegen oder
19 von Räubern umgebracht worden sein.

20 **Marcos Mutter** war **früh verstorben** und so
21 **wächst Marco bei Verwandten auf.** Die Polos sind
22 **eine große reiche Kaufmannsfamilie** in Venedig.
23 Sie **handeln mit Edelsteinen, Stoffen** und
24 **Gewürzen** aus fernen Ländern, mit **Holz** und **Salz**,
25 mit allem, was damals in Venedig beliebt war.

[1] **Persien**: Heute heißt das Land Iran.

 2 Was hast du bisher erfahren?
Beantworte die folgenden Fragen in Sätzen.
Schreibe auf.
• Wer kehrt zurück?
• Wie reagieren die Bewohner des Hauses?
• Was erfährst du über den Vater und
  die Familie von Marco Polo?
• Was hat sich Marco vorgestellt, als sein Vater weg war?
Tipp: Die hervorgehobenen Schlüsselwörter helfen dir.

**Marco Polos Vater und sein Onkel Matteo begeben sich
im Frühjahr 1271 erneut auf die Reise nach China.
Diesmal nehmen sie Marco mit.**

 3 Lies, wie Marco Polo zum ersten Mal auf die Reise geht.

1 Auf einem der Schiffe steht Marco Polo
2 mit seinem Vater Niccolo und seinem Onkel Matteo.
3 Marco ist siebzehn Jahre alt. Ein junger Mann
4 auf seiner ersten großen Reise. Endlich!

5 Zuerst geht die Reise mit dem Schiff durch
6 das Mittelmeer, dann nach Osten, bis an die Küste
7 Klein-Asiens. Die Galeeren[1] mit den bunten Segeln und
8 die schlanken Segelschiffe fahren nicht allein, sondern
9 in einem Geleitzug von dreißig bis vierzig Schiffen.
10 In der großen Gruppe können sich die Seeleute
11 besser vor Überfällen durch Piraten schützen.

12 Wochenlang dauert die Seereise.
13 An manchen Tagen ist das Meer so stürmisch,
14 dass sich viele Passagiere vor Übelkeit übergeben.
15 An anderen Tagen ist das Meer glatt und ruhig.
16 Manchmal müssen alle Fahrgäste auf eine Seite
17 der Galeere eilen, um ein Manöver[2] zu erleichtern.

18 Es ist nicht das erste Mal, dass Marco an Bord
19 eines Schiffes ist. Wie fast alle Venezianer
20 hat er als Kind gelernt, wie man Schiffe steuert.
21 Eine Seereise macht ihm längst keine Angst mehr.

[1] **die Galeeren:** Schiffe, die auf beiden Seiten von vielen Ruderern bewegt
wurden
[2] **das Manöver:** eine geschickte Bewegung, um das Schiff
in eine andere Richtung oder um eine gefährliche Stelle zu lenken

 4 Was erlebt Marco auf seiner ersten Reise?
Finde die wichtigen Informationen.

a. Lege eine Folie über den Text.
b. Markiere wichtige Wörter und Wortgruppen.
Das sind die Schlüsselwörter.
c. Schreibe die Schlüsselwörter auf.

Die lange Reise nach China geht an Land weiter, mehr als 3000 km.
Nun reisen Marco Polo, sein Vater und sein Onkel auf Pferden.

 5 Lies, wie Marcos Reise weitergeht.

22 Als Stadtkind ist es Marco nicht gewöhnt, so viele
23 Stunden am Tag zu reiten. Steif springt er vom Pferd,
24 sein Rücken schmerzt. Doch bald gewöhnt er sich
25 an die vielen Stunden im Sattel.

26 An manchen Tagen schaffen die drei Kaufleute nur
27 wenige Kilometer, weil sie über steile Berge müssen.
28 Die Pfade sind oft mit Schnee bedeckt oder so schmal,
29 dass die Pferde ins Rutschen kommen. Oft müssen sie
30 heiße, trockene Ebenen³ durchqueren. An manchen Tagen
31 regnet es so stark, dass sie völlig durchnässt sind.

32 Meist übernachtet Marco mit Vater und Onkel
33 in Karawansereien⁴. In diesen Herbergen bekommen sie
34 Abendessen, können ihre Pferde füttern und unterstellen
35 oder gegen neue, ausgeruhte Pferde tauschen.
36 Sie unterhalten sich dort auch mit anderen Kaufleuten.
37 „Wie viel kostet die Baumwolle bei euch?", hört Marco
38 den Vater andere Kaufleute fragen oder: „Woher stammt
39 die Seide, die ihr auf euren Kamelen geladen habt?"

40 Im Norden Chinas werden die drei Kaufleute
41 von bewaffneten, mongolischen Reitern begleitet.
42 Sie sorgen dafür, dass den Kaufleuten nichts passiert.

³ **die Ebenen:** große, flache Landschaften
⁴ **die Karawanserei:** ein Gebäude, in dem viele Reisende und
ihre Reittiere übernachten können

 6 Was erfährst du über die weitere Reise?

    a. Lege eine Folie über den Text.
    b. Markiere wichtige Wörter und Wortgruppen.
    c. Schreibe sie auf.

Du hast in diesem Kapitel viel über Marco Polo und seine Reisen gelesen.

4. Schritt: Nach dem Lesen

7 Was hast du erfahren? Erzähle.
Tipp: Verwende deine Ergebnisse der Seiten 154 bis 160.
- Wer war Marco Polo? → Seite 154–157
- Wann und wo lebte er? → Seite 154–157
- Warum ging er auf Reisen? → Seite 158
- Was erlebte er auf seinen Reisen auf dem Meer und → Seite 158–160
  auf dem Land?

 Z Über die Reisen von Marco Polo gibt es Bücher und Geschichten.

1 Um 1275 erreicht Marco Polo endlich das Gebiet
2 des heutigen China. Fast 17 Jahre verbringt er dort.
3 Er sieht viele Dinge, die er aus Venedig nicht kennt.
4 1295 kehrt Marco Polo nach Hause zurück.

5 Im Jahr 1298 gerät Marco Polo in Gefangenschaft.
6 Dort trifft er Rustichello, einen anderen Gefangenen.
7 Dieser will, dass ihm Marco von seinen Reisen
8 erzählt. Rustichello schreibt die Erlebnisse auf.
9 Das Buch über Marco Polos Reiseberichte wurde
10 immer wieder abgeschrieben, gedruckt und
11 in viele Sprachen übersetzt.

 8 Woher wissen wir heute von Marco Polos Reisen?

W **9** Finde weitere Geschichten und Informationen über Marco Polo.
Wähle aus:
- Besorge dir ein Jugend-Buch über Marco Polo in der Bücherei.
- Oder suche Informationen über Marco Polo im Internet.

Training: Eine Person beschreiben und charakterisieren

Am Ende seines Lebens ist Marco Polo ein reicher Kaufmann.

1  2

 1 Beschreibe den alten Marco Polo 1.
Beachte dabei die Arbeitstechnik **Eine Person beschreiben**.

> ⚙ **Arbeitstechnik**
>
> **Eine Person beschreiben**
>
> Beschreibe eine Person mit Hilfe der folgenden Fragen:
> • **Wie** sieht die Person **insgesamt** aus?
> • **Wie** sieht das **Gesicht** aus?
> • **Wie** sehen die **Haare** aus?
> • **Wie** sieht die **Kleidung** aus?
> • **Was fällt** dir an der Person **besonders auf**?
> • **Wie wirkt** die Person auf dich?

 2 Vergleiche den alten 1 mit dem jungen Marco Polo 2.

➡ Der alte Marco Polo sieht … aus.
Der junge Marco Polo sah … aus.

Sein/Seine … ist …
Sein/Seine … war …

Der alte Marco Polo trägt …
Der junge Marco Polo trug …

Der alte Marco Polo wirkt …
Der junge Marco Polo wirkte …

›› stolz, alt, neugierig, abenteuerlustig …

der Bart, der Umhang, der Gürtel, das Buch …
rot, gefüttert …

Knifflige Fälle – Detektivgeschichten

Ein berühmter Detektiv

**In diesem Kapitel lernt ihr Detektive kennen.
Einer der berühmtesten Detektive war Sherlock Holmes.**

1 Was verraten die Bilder über Sherlock Holmes?

    a. Beschreibt und vermutet.
    b. Schreibt Stichworte zu Sherlock Holmes auf.

››› der Fingerabdruck,
das Notizbuch,
die Lupe, die Pfeife,
das Straßenschild,
die karierte Schirmkappe

2 • Welche Aufgaben hat ein Detektiv?
    • Welche Hilfsmittel benötigt ein Detektiv
      zur Aufklärung eines Falles?
    • Welche Detektive aus Büchern, Filmen und
      Hörspielen kennt ihr?

**Das Buch Der Hund von Baskerville ist eine Detektivgeschichte
mit Sherlock Holmes. Das Buch beginnt mit einer alten Sage.**

📖 Die Sage vom Baskerville Castle

Die Vorgeschichte

1 Im 17. Jahrhundert lebte auf dem Schloss der englischen
2 Familie der Baskervilles ein Mann, der grausam war und
3 viel Alkohol trank. Er hieß Hugo von Baskerville.
4 Hugo von Baskerville liebte die Tochter eines Bauern.
5 Doch das Mädchen wollte ihn nicht sehen.

6 Eines Nachts entführte Hugo von Baskerville mit seinen
7 Kumpanen[1] das Mädchen und brachte es auf sein Schloss.
8 Er feierte dort die gelungene Tat. Doch als er entdeckte,
9 dass das Mädchen entflohen war, fluchte er laut.
10 Er schrie, dass er noch in dieser Nacht seine Seele
11 und seinen Körper den bösen Mächten geben
12 wollte, wenn er das Mädchen einholen würde.

13 Er hetzte die Hunde auf das Mädchen und ritt hinterher.
14 Seine Kumpane konnten ihm gar nicht so schnell folgen.
15 Der Weg führte ins Moor. Die Männer hörten Lärm und
16 sahen bald das schwarze Pferd von Hugo von Baskerville.
17 Es stürmte mit leerem Sattel an ihnen vorbei. Sie ritten
18 weiter und fanden das Mädchen in einer Höhle. Es war tot.
19 Daneben lag die Leiche von Hugo Baskerville. Über ihm
20 stand eine schwarze Bestie in Gestalt eines Hundes,
21 die mit glühenden Augen die Männer anschaute.
22 Diese rannten, so schnell sie konnten, über das Moor zurück.

23 Seither lastete ein Fluch auf der Familie[2] der Baskervilles.
24 Alle Nachkommen sollten sich deshalb
25 von dem Moor fernhalten.

[1] **der Kumpan, die Kumpane:** heute würdest du Kumpel sagen
[2] **lastete ein Fluch auf der Familie:** Der Familie drohte böses Unglück.

  **3** Übernehmt die Rolle eines Detektivs und
beantwort diese Fragen in Stichworten:
- Wer entführte das Mädchen?
- Warum wurde das Mädchen entführt?
- Wer starb? Wodurch?
- Worin bestand der Fluch?

→ Stichworte aufschreiben: Seite 292

Fast zweihundert Jahre später gab es wieder einen Todesfall. Eine Zeitung berichtete darüber.

Die Tat

Grausamer Todesfall erschüttert Grafschaft Baskerville.

Am 10. November 1882 kam es zu einem Todesfall in der Grafschaft. Das Opfer ist Sir Charles Baskerville, ein Nachkomme von Hugo von Baskerville. Die Todesursachen sind noch ungeklärt. Manche wollen einen Zusammenhang zum alten Fluch der Baskervilles sehen.

Ist dies ein Fall für Sherlock Holmes und für dich?

4 Lies den Ausschnitt aus der Geschichte. Wende die Schritte vom Textknacker an.

→ Textknacker: Seite 288

 Der Hund von Baskerville nach Arthur Conan Doyle

1 Sir Charles lebte seit Kurzem in Baskerville Hall.
2 Als Nachkomme einer alten, verarmten Familie ist es ihm
3 gelungen, ein Vermögen[1] zu erwerben.
4 Durch sein freundliches Wesen und seine großzügigen
5 Spenden hat er sich bei den Einwohnern beliebt gemacht.

6 Die Todesursachen konnten nicht vollständig aufgeklärt
7 werden. Es gab jedoch keine Beweise für ein Verbrechen
8 oder dafür, dass übernatürliche Kräfte im Spiel waren.

9 Sir Charles war Witwer. Die Dienerschaft von Baskerville Hall
10 bestand nur aus dem Ehepaar Barrymore. Nach deren
11 Aussage hatte sich die Gesundheit von Sir Charles seit
12 einiger Zeit verschlechtert. Er litt an einer Herzkrankheit
13 mit Atemnot. Das entspricht auch der Aussage
14 seines Arztes, Dr. Mortimer.

Das Opfer

[1] ein Vermögen: viel Geld

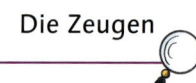

Die Zeugen

 5 Was erfährst du über **das Opfer** und **die Todesursachen**? Schreibe die wichtigsten Angaben in Stichworten auf.
Tipp: Achte auf die hervorgehobenen Schlüsselwörter.

Wer war Sir Charles?
Wie lebte er?
Warum war er beliebt?
Wie ging es ihm gesundheitlich?
Wer kannte ihn näher?

Die Befragung der Zeugen durch Sherlock Holmes bringt weitere Erkenntnisse.

 6 Lies die Geschichte weiter.

Die Spuren und Hinweise

15 Am 4. Mai hatte Sir Charles geplant, am nächsten Tag
16 nach London zu fahren. Er hatte Barrymore beauftragt,
17 sein Gepäck vorzubereiten. Am Abend ging er, wie immer,
18 hinaus in die Allee von Baskerville Hall, um auf seinem
19 nächtlichen Spaziergang eine Zigarre zu rauchen. Er kam
20 nicht zurück. Um 24 Uhr fand Barrymore die Haustür
21 noch offen, wurde unruhig und ging mit einer Laterne auf
22 die Suche nach seinem Herrn. Es hatte tagsüber geregnet.
23 So waren die Fußspuren von Sir Charles leicht zu verfolgen.
24 Auf halbem Weg befindet sich ein kleines Tor,
25 das ins Moor hinausführt. Es schien, dass Sir Charles dort
26 eine Zeit lang stand. Dann ist er wohl weitergegangen.
27 Am äußersten Ende der Allee wurde seine Leiche gefunden.

28 Hausdiener Barrymore meinte, dass sich die Fußspuren
29 ab dem Tor veränderten. Dies ist aber noch ungeklärt.
30 Pferdehändler Murphy war im Moor gewesen und
31 hörte mehrere Schreie. Er konnte aber nicht erkennen,
32 aus welcher Richtung sie kamen.
33 Zeichen von Gewalt waren an der Leiche von Sir Charles
34 nicht zu erkennen. Allerdings waren nach Aussage des
35 Arztes die Gesichtszüge stark verzerrt. Das kommt aber
36 bei einem Herzschlag häufig vor. Die Todesursache wurde
37 durch die Untersuchung der Leiche bestätigt.

38 Einige Zeit später wurde Sir Henry, ein Neffe von Sir Charles,
39 Herr auf Baskerville Hall.

 7 Schreibe wichtige Angaben zu dem Fall in Stichworten auf. ➔ Stichworte aufschreiben: Seite 292

> Die Fundstelle der Leiche: …
> Die Uhrzeit: …
> Die Todesursache: …
> Die Aussagen der Zeugen: …

**Die Todesumstände waren Sherlock Holmes höchst verdächtig.
Er befragte den Arzt Dr. Mortimer, der ihm einiges verriet.**

Die Verdächtigen

40 „Das Moor ist dünn besiedelt. Näheren Kontakt hatte

41 Sir Charles nur mit mir, Mr. Frankland auf Lafter Hall

42 und dem Naturforscher Mr. Stapleton.

43 In den letzten Monaten sah ich immer deutlicher,

44 dass Sir Charles nervlich angespannt war.

45 Er nahm es mit der alten Sage sehr ernst.

46 Das ging so weit, dass er auf keinen Fall

47 nachts das Moor betrat. Er war überzeugt,

48 dass ein Fluch über seiner Familie schwebte.

49 Der Gedanke, von bösen Geistern umgeben zu sein,

50 verfolgte ihn ständig. Mehr als einmal fragte er mich,

51 ob ich auf meinen nächtlichen Krankenbesuchen

52 eine seltsame Erscheinung gesehen oder Hundegebell

53 gehört hätte. Dabei zitterte seine Stimme vor Erregung.

54 Zu der Reise nach London entschloss Sir Charles sich

55 auf meinen Rat.

56 Ich kannte seine gefährliche Herzerkrankung und dachte,

57 ein paar Monate in der Großstadt würden ihm gut tun.

58 Unser gemeinsamer Freund Stapleton, der sich auch

58 große Sorgen um die Gesundheit von Sir Charles machte,

60 war auch dafür.

 8 a. Welche Personen hatten Kontakt mit Sir Charles?

b. Wer könnte Interesse am Tod von Sir Charles haben?

c. Stellt euer Ergebnis der Klasse vor.

Die Lösung

 9 a. Lest eure Stichworte von den Seiten 166 bis 170.

• Wer ist der Täter?

• Was könnte geschehen sein?

b. Diskutiert in der Klasse eure Lösungen des Falls.

**Sherlock Holmes und sein Assistent, Dr. Watson, wollten
den Täter fassen. Mit Sir Henry, dem jungen Erben von Baskerville,
stellten sie dem Täter eine Falle. Dr. Watson berichtet:**

61 „Psst", machte Holmes plötzlich. „Achtung! Er kommt!"

62 Wir hörten ein schnelles Getrappel. Die Nebelwand lag

63 fünfzig Schritte vor uns und wir starrten alle

64 auf die weiße Fläche. Holmes' Gesicht war bleich.

65 Plötzlich aber öffneten sich seine Lippen in großem Staunen.

66 Ich sprang auf. Meine Hand umklammerte den Revolver,

67 aber ich konnte nicht schießen. Ich war wie gelähmt

68 von dem Anblick des grausigen Geschöpfes,

69 das aus dem Nebel hervorgesprungen kam.

70 Es war ein riesiger, kohlschwarzer Hund. Feuer sprühte

71 aus dem offenen Rachen, die Augen glühten, sein Körper

72 war von flackerndem Licht umgeben. Der Hund sprang

73 den schmalen Weg entlang. Die Nase dicht über

74 den Erdboden, folgte er den Fußspuren von Sir Henry.

75 Ehe wir zur Besinnung kamen, war der Hund an unserem

76 Versteck vorbeigesprungen. Dann schossen Holmes und

77 ich gleichzeitig. Doch der Hund ließ sich nicht aufhalten,

78 sondern jagte weiter.

79 Ich sah, wie die Bestie auf Sir Henry lossprang, ihn zu Boden

80 warf und ihm an die Kehle ging. Im nächsten Augenblick

81 aber hatte Holmes dem Hund fünf Kugeln in die Seite

82 gejagt. Die vier Beine fuhren noch ein paarmal

83 durch die Luft, dann lag er regungslos da.

84 Allein durch seine Größe wirkte der Hund schrecklich.

85 Von seinem gewaltigen Kinn floss ein bläuliches Feuer.

86 Als ich das furchtbare Maul auseinanderriss, da schimmerten

87 auch meine Hände feurig. „Phosphor![2]", rief ich.

[2] **der Phosphor:** ein chemisches Element, das in Verbindung mit Sauerstoff leuchtet

**Der Hund ist tot, doch wer steckt hinter dem Mordanschlag?
Wer ist der Täter?
Die Lösung des Falls findest du im Buch auf Seite 322.**

Moderne Detektivinnen

Sherlock Holmes stellte seine Fragen vor mehr als 100 Jahren. Auch heute stellen sich Detektive und Detektivinnen noch diese Fragen.

 1 Welche Fragen sind für das Lösen eines Falles wichtig?

    a. Findet die Lupen auf den Seiten 167 bis 171.
    b. Schreibt Fragen zu den einzelnen Lupen an die Tafel.

> die Vorgeschichte: Was wissen wir über die Familie Baskerville? …
> die Tat: Was ist passiert? Wann …?

Die drei !!! sind Franziska, Kim und Marie. Sie gründeten einen Detektivclub und wollten ihren ersten Fall lösen.

In der Schule wurde Geld gestohlen. Franziska ertappte ausgerechnet die schüchterne Anna dabei, wie sie aus der Jacke einer Mitschülerin Geld entwendete. Die drei !!! konnten es nicht glauben, dass Anna hinter den Diebstählen steckte, und begannen Anna zu beobachten. Sie entdeckten, dass Anna nervös und ängstlich auf Anrufe von ihrem Handy reagierte, und beschlossen, Anna zunächst zu befragen.

 2 Welche Fragen würdet ihr Anna stellen?

    a. Schreibt die Fragen auf.
    ⟦Z⟧ **b.** Spielt die Befragung.

>>> Stimmt es, dass …?
Warum …? Wozu …?
Wie …?

Da Anna schwieg, beobachteten Die drei !!! Anna weiter.

 Die Handy-Falle   nach Maja von Vogel   → Textknacker: Seite 288

  1 „Ruhe!", zischte Kim. Franziska und Marie verstummten.
  2 Sie folgten Anna bis in die hinterste Ecke des Friedhofs.
  3 Anna ging langsam an den alten Grabsteinen entlang und
  4 betrachtete aufmerksam die Inschriften. Dann blieb sie
  5 vor einem Grab mit einem großen Marmorengel stehen.

6 Kim gab Franziska und Marie ein Zeichen, und sie versteckten

7 sich zwischen den Resten einer verfallenen Gruft[1].

8 Obwohl helles Sonnenlicht zwischen den Zweigen der Bäume

9 hindurchfiel und die Vögel fröhlich zwitscherten, bekam sie

10 plötzlich eine Gänsehaut. Sie sah zu Anna hinüber,

11 die immer noch still vor dem Marmorengel stand.

[1] die Gruft: ein ausgemauertes Grab

12 Vielleicht gehörte das Grab mit dem Engel zu Annas Familie,

13 und sie besuchte es ab und zu. Aber dann holte Anna etwas

14 aus ihrer Jackentasche. Es war ein Briefumschlag!

15 Anna versteckte ihn unter dem Efeu zu Füßen des Engels,

16 drehte sich um und ging zurück in Richtung Eingangstor.

17 „Was machen wir jetzt?", flüsterte Franziska. Kim überlegte

18 einen Moment, dann sagte sie zu Franziska. „Du folgst Anna.

19 Lass sie nicht aus den Augen, bis sie wieder zu Hause ist.

20 Marie und ich bleiben hier und kümmern uns

21 um den Briefumschlag." Franziska nickte: „Alles klar."

22 Sie verschwand zwischen den Büschen.

23 Kim verließ das Versteck und ging auf das Grab mit

24 dem Engel zu. „Jetzt wollen wir doch einmal nachsehen,

25 was in diesem geheimnisvollen Briefumschlag ist."

26 Kim ging vor dem Engel in die Hocke und tastete

27 zwischen dem Efeu nach dem Umschlag. „Das ist er ja!"

28 Triumphierend hielt sie einen blütenweißen Briefumschlag

29 hoch. „Mach schon auf!", drängte Marie. Der Umschlag

30 war nicht zugeklebt. Kim griff hinein und …

3 Befragt euch gegenseitig zu dem Fall.

➡ Wohin folgten Die drei !!! Anna?
Was tat Anna …? …

💬 4 Was könnte Anna geplant haben? Warum? Vermutet.

Die drei !!! entdeckten, dass Anna erpresst wurde.
Wer steckt dahinter? Und wie wird der Fall gelöst?
Das erfahrt ihr in dem Buch Die Handy-Falle.

Was für ein Theater!

Übungen zum Aufwärmen

Wollt ihr auch einmal Schauspieler sein und eine Theaterszene spielen? Dann solltet ihr euch mit ein paar Übungen aufwärmen! Für alle Übungen benötigt ihr Platz im Klassenzimmer.

1 Bereitet die Aufwärmübungen vor.

    a. Stellt die Tische und Stühle zur Seite.
    b. Legt Regeln für die Übungen fest.
    Tipp: Vorschläge für Regeln findet ihr auch auf Seite 298.

Der Klatschkreis

2 Mit dem Klatschkreis übt ihr, schnell zu reagieren und euch zu konzentrieren.

- Bildet einen **Kreis**.
  Lasst jeweils **eine halbe Armlänge** Platz zu euren Nachbarn.
- Stellt die Füße fest auf den Boden.
  Lasst die Arme locker hängen.
- Der Erste **dreht sich nach rechts**.
  Er sieht dem Nachbarn in die Augen und **klatscht einmal** in die Hände.
- Der Nachbar dreht sich nun auch nach rechts.
  Er sieht dem Nächsten in die Augen und klatscht in die Hände.
- Klatscht **mehrere Runden**.
  Versucht, dabei **schneller** zu werden.

Tipps: • Haltet den Klatsch-Rhythmus.
          • Dreht den ganzen Körper, aber lasst die Füße am Boden.
          • Wechselt die Richtung durch zweimaliges Klatschen.

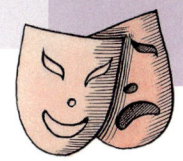

Der Stadtbummel

💬 **3** Bei einem Stadtbummel könnt ihr euch
unterschiedlich bewegen.

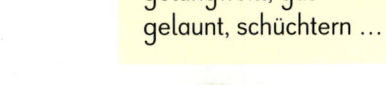
gelangweilt, gut
gelaunt, schüchtern …

- Wählt einen Spielleiter.
- Der Spielleiter sagt, **wie** ihr durch die Stadt gehen sollt.
- Folgt der Anweisung: Probiert verschiedene
  Körperhaltungen und Gesichtsausdrücke aus.
- Wenn der Spielleiter „**Freeze**[1]!" ruft:
  Stoppt alle sofort in eurer Bewegung und
  bleibt in dieser Körperhaltung stehen.
- Bewegt nur die Augen und seht euch um:
  Wie wirken die anderen auf euch?
- Dann beginnt der nächste Stadtbummel.

Tipp: Ihr könnt ohne Worte die anderen begrüßen
oder euch ohne Worte verständigen.

💬 **4** Wertet euren Stadtbummel aus:
- Was hat euch gut gefallen? Was nicht?
- Welche Stimmung ist euch leichtgefallen? Welche nicht?
- Was wollt ihr beim nächsten Mal beachten?

Die Pantomime[2] im Spiegel

✏️ **5** **Vorbereitung:** Welche Situationen wollt ihr
ohne Worte darstellen?

im Fitnessstudio,
SMS schreiben,
jemanden kennen lernen,
im Fußballstadion,
im Supermarkt,
auf dem Pausenhof …

- Jeder schreibt drei Situationen auf einzelne Karten.
- Wählt einen Spielleiter.

💬 **6** **Durchführung:**
- Der Spielleiter **zeigt** einem Spieler
  eine Karte mit einer Situation.
- Der Spieler stellt die Situation **ohne Worte** dar.
- Die anderen **beobachten** genau.
- Dann spielen alle die Situation **genau nach**.
- Besprecht gemeinsam:
  Welche Situation wurde dargestellt?
- Dann beginnt die nächste Runde.

[1] „**Freeze!**" (englisch) [sprich: fries]: einfrieren:
wird beim Theaterspielen als Stopp-Kommando verwendet
[2] **die Pantomime:** etwas ohne Worte darstellen

Eine Szene wie im richtigen Leben

Die folgende Szene habt ihr vielleicht auch schon erlebt.

👄 **1** Lest die Szene mit verteilten Rollen.
Tipp: Ihr benötigt auch einen Leser für die *Regie-Anweisungen*[1].

[1] die Regie-Anweisungen: sie geben Hinweise, wie der Text vorgelesen oder gespielt werden soll

📖 **Heiße Schokolade**

(Marie, Sina und Emily sind beste Freundinnen. Sie treffen sich in ihrem Lieblingscafé.)

1 **Marie:** *(aufgeregt)* Sascha hat mich heute gefragt,
2 ob wir am Freitag zusammen ins Kino gehen.
3 **Sina:** *(neugierig)* Ja? Echt klasse! Was hast du gesagt?
4 **Emily:** *(interessiert)* Ja, komm, erzähl! Ich bin total gespannt.
5 **Marie:** *(stolz)* Also: Ich habe gesagt, ich überlege es mir noch.
6 **Sina:** *(enttäuscht)* Nee, echt? Aber warum? Du hast mir doch
7 schon länger erzählt, dass du ihn total süß findest.
8 **Emily:** *(zickig)* Oh, Mann, du bist doch echt doof, Marie.
9 **Marie:** *(verliebt)* Ja, ich weiß. Aber ich wollte ihm nicht
10 gleich das Gefühl geben, ich sei leicht zu haben.
11 **Emily:** *(schnippisch)* Na, und wie geht es jetzt weiter?
12 **Marie:** *(träumerisch)* Wir haben unsere Handynummern ausgetauscht.
13 *(Kellner Matti kommt an den Tisch der drei Mädchen.)*
14 **Matti:** *(freundlich, charmant)* Hey, ihr drei Hübschen.
15 Was darf ich euch bringen?
16 **Emily:** *(cool)* Hi, Matti bring mir 'ne Cola, mit Eis bitte!
17 *(Matti notiert den Wunsch. Er schmunzelt.)*
18 **Marie:** *(freundlich)* Für mich bitte eine große Multisaft-Schorle.
19 *(Matti tippt wieder.)*

20 **Sina:** *(unsicher und zu leise)* Ähm … und ich hätte gerne
21 eine heiße Schokolade.
22 *(Matti schaut sie fragend an, weil er sie nicht verstanden hat.)*
23 **Matti:** *(ganz deutlich)* Wie bitte?
24 **Sina:** *(unsicher, aber lauter)* … 'ne heiße Schokolade.
25 **Matti:** Ach so, natürlich.
26 *(Matti notiert und geht lächelnd weg.*
27 *Er begrüßt Ivo und David, die gerade das Café betreten.)*
28 *(Emily und Marie schauen Sina verständnislos an.)*
29 **Emily:** *(laut)* Hey, was ist denn mit dir los? Hat sich da jemand
30 in unseren Matti verknallt? *(lacht fies)*
31 **Sina:** *(flehend)* Psst! Nicht so laut! Du weißt doch:
32 Er ist der beste Freund von meinem Bruder und …
33 **Marie:** *(verständnisvoll)* Kein Problem! Wir verstehen dich schon.
34 **Emily:** *(zickig)* Na gut, mein Typ ist der zwar nicht …
35 Hat der eigentlich eine Freundin?
36 *(Ivo und David stehen mit ihren Sporttaschen am Tisch*
37 *der drei Mädchen.)*
38 **David:** *(freundlich)* Hi, ihr drei!
39 *(Die Mädchen lächeln David freundlich an.)*
40 **Ivo:** *(freundlich)* Hi, Schwesterherz, hi, ihr beiden.
41 Na, was gibt es denn so Aufregendes zu besprechen?
42 *(freundlich, aber bestimmt)* Ich sag dir Sina, mach mir
43 bloß keinen Ärger.
44 **Sina:** *(unsicher)* Ja, Ivo.
45 **Emily:** *(selbstbewusst)* Mach dir mal keine Sorgen
46 um deine Schwester, auf die passen wir schon gut auf!
47 **Ivo:** *(locker)* Ja, Emily, das will ich auch hoffen.
48 *(Ivo und David setzen sich zu Freunden an einen anderen Tisch.)*
49 *(Matti kommt und stellt die Getränke ab)*
50 **Matti:** *(charmant)* So, bitte, eure Getränke.
51 **Marie:** *(freudig)* Ja, endlich, ich verdurste ja schon.
52 *(Sie nimmt das Glas und trinkt sofort.)*
53 **Emily:** *(hinterlistig)* Übrigens Matti, wie findest du eigentlich Sina?
54 *(Matti grinst und möchte gerade antworten. Sina sieht Emily böse*
55 *an, springt auf und rennt aus dem Café. Matti steht mit entsetztem*
56 *Gesicht da, blickt Sina hinterher und sieht Ivo an.)*

Die Personen kennen lernen

Ihr könnt die Szene Heiße Schokolade spielen.
Dazu beschäftigt ihr euch genauer mit den Dialogen und
den Personen.

1 • Was geschieht in der Szene?
 • Wie verhalten sich die Personen?

2 Was erfährst du über die Personen?
 • Schreibe die Namen der Personen auf.
 • Schreibe zu jeder Person Stichworte:
  ihr Verhalten, ihre Art zu sprechen, ihre Eigenschaften.

>>> abweisend, arrogant, böse, eingebildet, genervt, hinterlistig, interessiert, langweilig, lieb, nett, ruhig, schüchtern, selbstsicher, stolz, unfreundlich, wütend, zickig …

> Marie: sportlich, freundlich …
> Sina: unsicher …
> …

3 Sammelt eure Ergebnisse an der Tafel.
 Tipp: Sprecht dabei besonders über eure
  unterschiedlichen Eindrücke von den Personen.

Eure Ergebnisse von Aufgabe 3 könnt ihr
ohne Worte darstellen.

Pantomime erraten

 W **4** a. Wählt aus und einigt euch:
  • Stellt einzelne Eigenschaften und
   Verhaltensweisen ohne Worte dar.
  • Oder stellt eine Person aus der Szene ohne Worte dar.
  Tipp: Ihr könnt allein, mit einem Partner oder
   in der Gruppe spielen.
 b. Die anderen raten, was oder wen ihr darstellt.

Durch Gefühlsfelder gehen

 5 Bei dieser Übung könnt ihr in kurzer Zeit
vier verschiedene Gefühle darstellen.
Vorbereitung:
- Ihr benötigt 4 x 4 Meter Platz.
- Klebt **mit Klebeband** auf den Boden **ein großes Kreuz**.
  So entstehen **vier Felder**.
- Ordnet jedem Feld **ein Gefühl** zu.
  Schreibt jedes Gefühl auf ein Blatt
  und legt es in das Feld.

- Jeder wählt aus dem Szenentext von
  Seite 178 bis 179 **einen Satz** aus und
  lernt ihn **auswendig**.
- Bildet Gruppen von sechs bis acht Spielern.

 6 Durchführung:
- Eine Gruppe beginnt. Die anderen beobachten.
- **Sprecht eure Sätze** nacheinander.
  Sprecht sie so, **wie es das Gefühlsfeld verlangt**.
- Verwendet auch **passende Körperhaltungen** und
  Gesichtsausdrücke.
- Wenn alle durch die vier Gefühlsfelder gegangen sind,
  ruft ein Beobachter „Freeze!".
- **Alle stoppen** sofort und
  bleiben in der Körperhaltung stehen.
- Die Beobachter beschreiben ihre Beobachtungen.
- Dann ist die nächste Gruppe an der Reihe.

Aber ich muss euch
auch noch etwas
Wichtiges erzählen.

Ihr kennt die Dialoge und die Personen nun schon besser.

 7 Lest den Text **Heiße Schokolade** szenisch:
Sprecht und bewegt euch wie die Personen in der Szene.
→ Szenisch lesen: Seite 298
- Lest die Szene mit verteilten Rollen.
- Lest ausdrucksvoll und beachtet die Regie-Anweisungen.
- Bewegt euch wie die Personen in der Szene.
- Probiert verschiedene Körperhaltungen und
  Gesichtsausdrücke aus.

Die Rollen einstudieren

In einem Gruppen-Puzzle könnt ihr die Szene vorbereiten.
Am Ende spielen alle Stammgruppen die Szene vor.

Schritt 1: Stammgruppen bilden

  1 a. Bildet 7er-Gruppen.
     b. Verteilt die Rollen: Marie, Sina, Emily, Matti, David, Ivo und ein Regisseur.
     c. Lest die Szene mit verteilten Rollen.

Schritt 2: Expertengruppen bilden

  2 a. Alle mit der gleichen Rolle setzen sich in Expertengruppen zusammen.
     b. Lest den Text für eure Rolle.
     c. Bereitet die Rolle vor. Überlegt gemeinsam:
       • Wie ist die Figur?
       • Was tut sie?
       • Was denkt sie und was fühlt sie?
      Tipp: Wählt weitere Leitfragen aus.
     d. Jeder schreibt für sich Stichworte auf. Denn jeder entscheidet für sich, wie er die Figur spielen möchte.
      Tipp: Die Regisseure beraten, **wie** die Figuren sprechen.

> **Leitfragen:**
> • Wie alt ist die Figur?
> • Welche Kleidung trägt sie?
> • Welche Hobbys hat sie?
> • Was mag sie?
>   Was mag sie nicht?
> • Geht sie zur Schule oder arbeitet sie bereits?
> • Wer sind ihre Freunde?
> • Wie ist ihre Familie?
> • Hat sie Besonderheiten?

Schritt 3: Die eigene Stammgruppe informieren

  3 a. Jeder kehrt in seine Stammgruppe zurück.
     b. Jeder stellt seine Figur vor.

> Hallo, ich bin Marie. Ich bin … Jahre alt.
> In meiner Freizeit … Meine Freunde sagen über mich: …

 4 Wertet in der Stammgruppe eure Beschreibungen aus:
• Wie wirken die einzelnen Figuren auf euch?
• Habt ihr Tipps und Ergänzungen?
• Wie gehen eure Figuren miteinander um?
• Wie verstehen sie sich miteinander?

 5 Lest den Text **Heiße Schokolade** szenisch.
→ Szenisch lesen: Seite 298

Die Szene proben und spielen

Ihr könnt anderen die Szene vorspielen.

6 **a.** Jeder erstellt Rollenkarten.
- Teilt ein Blatt Papier in zwei Hälften.
- Schreibt den Text auf die linke Seite.
- Markiert die Wörter, die ihr besonders betonen wollt.
- Schreibt Hinweise zu Körperhaltung und Gesichtsausdruck auf die rechte Seite.

b. Jeder lernt seinen Text auswendig.

Rolle : David	
„Hi, ihr drei !"	• freundlich lächeln • Hand zum Gruß heben

Zu jeder Szene gehört ein Bühnenbild.

7 **a.** Wie könnte die Bühne für eure Szene aussehen? Zeichnet eine Skizze.

b. Was benötigt ihr? Schreibt eine Liste.

c. Gestaltet das Bühnenbild.

Mit Gegenständen wirkt die Szene lebendiger und echter.

8 **a.** Welche Gegenstände könnt ihr in die Szene einbauen? Lest noch einmal im Text.

b. Was benötigt ihr? Wer besorgt was? Schreibt eine Liste.

c. Besorgt die Gegenstände.

9 Übt die Szene gemeinsam in eurem Bühnenbild und mit euren Gegenständen. Die Regisseure geben Tipps und Hinweise.

10 **a.** Spielt die Szene den anderen Gruppen vor.

b. Die Zuschauer füllen den Beobachtungsbogen aus.

c. Sprecht über eure Aufführungen.

Beobachtungsbogen: Eine Szene spielen Name:	☺	😐	☹
frei gesprochen			
deutlich gesprochen			
gut betont			
die Mimik			
die Gestik			
die Requisiten genutzt			
das Zusammenspiel			

Leseecke: Jugendbücher von Kirsten Boie

Kirsten Boie ist eine der bekanntesten Autorinnen für Kinder- und Jugendbücher in Deutschland. Sie hat bisher mehr als 60 Bücher geschrieben.

1 **a.** Seht euch die Buchcover an. Lest die Buchtitel.
  b. Worum könnte es in den Büchern gehen? Vermutet.

1

Warum ist Kevin Bottel nicht als Calvin Prinz geboren worden und Calvin Prinz als Kevin Bottel? Eine Verwechslungsgeschichte über zwei Jungen, die sich ähneln wie ein Ei dem anderen.

3 Ein Land voller Geheimnisse und ein Spiel, das plötzlich keines mehr ist ... Ausgerechnet die schüchterne Jarven kommt bei einem Casting in die letzte Runde. Die endgültige Entscheidung über die Hauptrolle soll in Skogland fallen. Aber dort wartet auf Jarven eine Überraschung ...

2 **a.** Lest die Klappentexte.
  b. Was erfahrt ihr über den Inhalt der Bücher?
  c. Ordnet die Klappentexte den Buchtiteln zu.

💬 **3** a. Ordnet die Textausschnitte B und C den Buchtiteln zu.
b. Um was für Situationen handelt es sich?
Gebt sie mit eigenen Worten wieder.

📖 1 **B** Wieso hatten drei Menschen bei meinem Anblick
2 das Gefühl, mich erst eben gesehen zu haben?
3 Hatte ich einen Doppelgänger? Einen Zombie oder
4 einen Außerirdischen, der meine Gestalt angenommen
5 hatte? Hinter mir hörte ich Schritte. Jemand lief mir nach.
6 Die Schritte kamen immer näher. „Nun bleib doch endlich
7 mal stehen, Mann!", schrie eine Stimme atemlos.
8 „Den Typen haben wir doch längst abgehängt!"
9 Die Stimme klang nicht sehr zombiehaft. Die Stimme klang
10 völlig normal und kein bisschen außerirdisch und irgendwie
11 auch sehr vertraut. Ich blieb stehen, um Luft zu holen.
12 Dann sah ich mich um. Vor mir stand ich selber.

📖 1 **C** „Das ist ja krass!", schrie Tine. „Komm mal schnell,
2 Mama! Papa, schnell, das müsst ihr sehen! Sie haben
3 den Geburtstag der Prinzessin von Skogland gezeigt!",
4 sagte sie. „Mist, jetzt ist es zu Ende."
5 „Skogland, das ist auch so ein äußerst merkwürdiges Land",
6 sagte ihr Vater. „Jetzt lasst mich doch mal ausreden!",
7 sagte Tine. „Und die Prinzessin hat haargenau ausgesehen
8 wie Jarven, nur in Blond! Aber das Gesicht war haargenau …"

📖 **4** Wer ist die Autorin, die diese Bücher geschrieben hat?
Lest den kurzen Informations-Text über **Kirsten Boie**.

Kirsten Boie wurde im Jahr 1950 geboren. Sie arbeitete zunächst als Lehrerin. Später begann sie Bücher zu schreiben. Mehr als 60 Bücher sind von Kirsten Boie erschienen und wurden in viele Sprachen übersetzt.

Wichtig ist ihr auch, sich für Hilfsprojekte einzusetzen, wie zum Beispiel für „Schule ohne Rassismus". Dafür und für ihre Bücher hat Kirsten Boie viele Preise erhalten.

Einen spannenden Buchauszug lesen

In dem Jugendroman „Skogland" beginnt alles
mit einer Casting-Show, in die die 14-jährige Jarven gerät.
Jarven und ihre Mutter erleben einen aufregenden Tag,
allerdings nicht gemeinsam.

📖 Skogland   nach Kirsten Boie

1 Jarven sah zu, wie ein Mädchen nach dem anderen
2 auf der Treppe nach oben verschwand und wieder
3 zurückkam, manchmal zitterig, fast immer voller Hoffnung.
4 Kerstin schmiss sich neben Tine auf den letzten freien Stuhl.
5 „Ich bin eine Runde weiter!", sagte sie.
6 „Jessica auch", sagte Tine. „Und Philippa.
7 Ich will auch langsam mal rein!"

8 „Jarven Schönwald?", sagte die Frau, die hinter Kerstin
9 die Treppe heruntergekommen war. „Bist du das?
10 Du bist die Nächste." Die Frau musterte[1] Jarven von oben
11 bis unten. Fragte sie sich gerade, wieso ein Mädchen
12 wie Jarven sich überhaupt traute? Obwohl sie doch
13 sehen musste, dass sie keine Chance hatte?
14 Jarven spürte, dass sie rot wurde.
15 „Ich drück die Daumen!", schrie Tine ihr nach.
16 „Du machst das schon, Jarven!"
17 Aber Jarven wusste, was sie tun würde.

[1] sie musterte Jarven:
Sie schaute Jarven genau an.

💬 **1** a. Was könnte Jarven tun? Vermutet.
   b. Wie würdet ihr euch in der Situation verhalten? Überlegt.

📖 **Jarven ging erst gar nicht auf die Bühne.
Sie blieb am Eingang stehen.**

Hilgard

Rupertus

Tjarks

18 „Es tut mir leid, dass ich Sie aufgehalten habe", sagte Jarven.

19 „Aber ich habe mir überlegt, ich möchte doch nicht."

20 Die Filmleute warfen sich einen Blick zu.

21 Vielleicht hatten sie so etwas noch nie erlebt.

22 „Ich kann auch gar nichts auswendig", sagte Jarven schnell.

23 „Ich kann nichts aufsagen. Und ich … ich möchte nicht."

24 „Du möchtest nicht?", fragte der Mann am Eingang und

25 sah zu seinen beiden Kollegen. „Aber warum denn nicht?"

26 Jarven zuckte die Achseln. „Nur so", murmelte sie.

27 „Wie schade!", sagte Hilgard. „Ausgerechnet du … "

28 Er sah auf seine Liste. „Jarven? Ist das richtig?"

29 Jarven nickte stumm. „Ich hatte nämlich gleich den Eindruck,

30 dass du haargenau der Typ bist, den wir …"

31 Er warf Rupertus und Tjarks einen Blick zu.

32 „Wir hatten alle drei das Gefühl", sagte Rupertus,

33 „dass du der Typ bist, den wir suchen. Haargenau der Typ."

34 Jarven dachte an den Blick der Frau.

35 „Dass du nichts auswendig weißt, ist doch kein Problem!

36 Sprechen kann schließlich jeder." Jarven sah Rupertus an.

37 „Das wird weit überschätzt!", sagte Rupertus und nickte.

38 „Es ist mehr der Typ, der entscheidet!", sagte Hilgard

39 eindringlich. „Verstehst du? Du hast eine Ausstrahlung² …"

40 „… die ist unglaublich!", sagte Rupertus.

² die Ausstrahlung:
die besondere Wirkung
einer Person
auf eine andere

 2 Die Filmleute meinen, dass Jarven nicht aufgeben sollte.
Warum? Nenne ihre Gründe.

**📖 „Du hast eine Ausstrahlung, die ist unglaublich!",
sagte Rupertus.**

41 Jarven hätte sich gerne hingesetzt. Sie spürte

42 einen leichten Schwindel. Es gab Filmleute,

43 die sie schöner fanden als Tine. Die jedenfalls fanden,

44 dass ihre Ausstrahlung stärker war. Ausstrahlung,

45 dachte Jarven überrascht, natürlich, das kann stimmen.

46 Aber es konnte natürlich auch sein, dass die Rolle

47 gar nicht die der schönen, attraktiven Hauptperson war.

48 Jarven dachte an Filme, die sie kannte. Fast immer

49 gab es da auch jemanden, der dick und hässlich war.

50 Jemanden mit Akne, über den alle lachen durften.

51 Vielleicht war es so eine Rolle, für die sie vorgesehen war.

52 „Ich weiß nicht", murmelte Jarven. „Was ist denn das

53 für eine Rolle?" Hilgard sah zu seinen Kollegen.

54 „Ich bitte dich, noch mit niemandem darüber zu sprechen!

55 Wir haben es den anderen Mädchen nicht gesagt."

56 „Ich sag nichts", sagte Jarven. Hilgard nickte.

57 „Du verstehst, dass Geheimhaltung im Filmgeschäft

58 wichtig ist", sagte er. „Aber so viel kann ich schon verraten.

59 Es geht um eine Prinzessin. Es ist eine Art Märchenfilm.

60 Aber für Jugendliche. Und er spielt in der Gegenwart."

61 „Eine Prinzessin?", sagte Jarven überrascht.

62 Sie konnte sich nicht vorstellen, dass es irgendwen gab,

63 der sich eine Prinzessin so vorstellte wie sie.

 3 Wie stellt ihr euch Jarven vor?

    a. Beschreibt sie in Stichworten.

    b. Lest euch gegenseitig eure Beschreibungen vor.

➡ Stichworte aufschreiben:
Seite 292

 **4** Was könnte Jarven als Nächstes passieren?
Erzähle selbst weiter.

> ➡ Plötzlich fing ich an …
> Die Jury meinte, …
> Ich fühlte mich …

 Zur gleichen Zeit erhält Jarvens Mutter einen Anruf. Der Anrufer sagt, dass Jarven einen schweren Unfall hatte und im Krankenhaus liegt. Jarvens Mutter fährt sofort los.

64 Jarvens Mutter war mit hohem Tempo über die Autobahn
65 gefahren. Wo genau war der Unfall passiert? Sie hätte
66 fragen müssen. Was genau war passiert? Was war mit
67 ihrem Kind? Die Mutter spürte, wie die Angst wuchs,
68 je näher sie dem Krankenhaus kam. Sie wusste die Ausfahrt.
69 Die Straße war leicht zu finden. Es konnte nicht mehr lange
70 dauern. Gleich würde sie da sein. „Jarven", flüsterte sie.

71 Die Straße Am Waldrand war schmal und ohne Mittelstreifen.
72 Ohne Häuser rechts oder links, uneben und
73 voller Schlaglöcher. Was musste man so sehr verstecken?
74 Was gab es dort zu sehen? Die Straße endete.
75 Jarvens Mutter bremste im letzten Moment. Kein Haus
76 weit und breit. Hatte sie das Straßenschild falsch gelesen?
77 Hatte sie eine Abzweigung verpasst?

78 Der Motor heulte auf, als sie schnell den Weg zurückfuhr.
79 Dann trat sie hart auf die Bremse. Von vorne kam ihr
80 ein Auto entgegen, ohne auszuweichen. Anstatt nach
81 rechts zu fahren, hielt das Auto an. Die Stoßstange war
82 fast an der ihren. Jarvens Mutter riss die Tür auf.
83 „Gott sei Dank!", rief sie. „Ich suche …"
84 „… das Krankenhaus", sagte der Fahrer und kam freundlich
85 auf sie zu. Mit breitem Lächeln stieg sein Begleiter aus.

 5 Jarvens Mutter denkt, dass ihre Tochter einen Unfall hatte.
Was tut sie? Was denkt und was fühlt sie?
Beantwortet die Fragen in Stichworten.

→ Stichworte aufschreiben: Seite 292

 6 Was könnte Jarvens Mutter als Nächstes passieren?
Erzähle selbst weiter.

 Die beiden Männer erzählten mir, dass Jarven …
Voller Angst fuhr ich …
Ich suchte …

Training: Ein Jugendbuch lesen

Im folgenden Auszug aus einem Jugendbuch von Kirsten Boie erfährst du, welches Abenteuer der Ich-Erzähler Valentin erlebt.

📖 Der Junge, der Gedanken lesen konnte

→ Textknacker: Seite 288

Ein Friedhofskrimi   nach Kirsten Boie

1 Ich bin von der Bücherei aus wieder auf den Friedhof
2 gegangen. Die Schubkarre stand ordentlich abgestellt
3 auf dem Weg. Wie immer lagen die Spaten von Bronislaw
4 darauf und die Hacke und die kleine Schaufel.

5 Was mich gewundert hat, war die Kiste mit den Blumen.
6 Die ließen ihre Köpfe hängen und von manchen waren
7 sogar schon die ersten Blütenblätter vertrocknet.
8 Bronislaw hätte das seinen Blumen nie angetan.

9 „Bronislaw?", hab ich gerufen. Es kam aber
10 keine Antwort. „Bronislaw?", hab ich wieder gerufen.
11 Ich hab gedacht, vielleicht ist er auf dem Klo.
12 Darum hab ich auch ein bisschen gewartet.
13 Ich bin dann durch den Hintereingang der Kapelle
14 gegangen. Ich kannte mich ja aus.

15 Bronislaw lag auf dem Bauch auf dem Boden.
16 An seinem Hinterkopf war Blut.
17 So sehen Leichen im Fernsehen aus.
18 „Bronislaw!", hab ich gebrüllt. „Bronislaw,
19 lebst du noch?" Bronislaw hat gestöhnt:
20 „Ist Bein! Kann nicht aufstehen!" Ich hab vorsichtig
21 hingeguckt, aber seine Beine sahen ganz normal aus.
22 Trotzdem war klar, dass irgendwas nicht stimmte.
23 „Ich hol einen Krankenwagen!", hab ich gerufen.
24 Aber im selben Augenblick ist mir klar geworden,
25 dass ich ja gar kein Handy hatte.
26 „Ich geh ins Büro!", hab ich gesagt ...

27 Das Friedhofsbüro liegt nicht weit von der Kapelle.

28 Im Büro war ich noch nie gewesen.

29 „Hilfe!", hab ich geschrien. „Hilfe, wir brauchen

30 einen Krankenwagen!" Eine Frau hat die Tür aufgerissen.

31 „Nun brüll hier mal nicht den ganzen Friedhof zusammen!",

32 hat sie gesagt. „Was ist los?"

33 Ich bin an ihr vorbei ins Büro gestürzt. An einem

34 Schreibtisch saß ein Mann an einem Computer.

35 „Sie müssen einen Krankenwagen rufen! Sofort!

36 Bronislaw liegt in der Kapelle und ist verletzt!"

37 „Bronislaw?", hat die Bürofrau gefragt. „Ich seh nach!"

38 „Nein, bitte!", hab ich geschrien. „Das kostet doch

39 zu viel Zeit! Bronislaw liegt auf dem Boden der Kapelle

40 und hat irgendwas mit dem Bein!"

41 „Okay, okay", hat die Bürofrau gesagt.

42 Der Büromann war schon vorgelaufen. Er hat

43 neben Bronislaw gekniet und ich hab mich dazugehockt.

44 „Bronislaw!", hab ich geflüstert. „Tut es sehr weh?"

45 „Geht schon, Kollege!", hat Bronislaw gemurmelt.

46 Er hat sogar versucht, ein bisschen zu lächeln.

47 Von seinem Grundstück kam uns Herr Schilnsky entgegen.

48 „Jemand hat Bronislaw überfallen!", hab ich gesagt.

49 „Was redest du denn", hat der Büromann gesagt.

50 Aber ich wusste, was ich wusste. Wenn einer eine Beule

51 am Hinterkopf hat, aber er liegt auf dem Bauch,

52 dann hat ihm jemand von hinten auf den Kopf geschlagen.

53 Das ist doch logisch.

1 Beantworte diese Fragen:
• Wer ist die Hauptperson?
• Wo spielt die Geschichte?
• Was passiert der Reihe nach?
• Was denkt und was fühlt die Hauptperson?

2 Möchtest du das ganze Buch gern lesen? Begründe.

Der Aufgabenknacker

Der Aufgabenknacker hilft dir, eine Aufgabe zu verstehen und zu bearbeiten. Er hilft dir auch in anderen Fächern, zum Beispiel in Biologie.

1. Schritt: Genau lesen

 1 Lies die Beispiel-Aufgabe ☐1 genau.
Achte besonders auf das Verb (Tunwort).

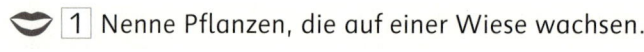 ☐1 Nenne Pflanzen, die auf einer Wiese wachsen.

2 a. Schreibe das Verb aus der Beispiel-Aufgabe auf.
b. Schreibe den Infinitiv (die Grundform) dazu.

2. Schritt: Überlegen, was zur Lösung gehört

3 a. Lies die Beispiel-Aufgabe ☐1 noch einmal.
b. **Was genau** sollst du tun?

Ich soll etwas genau betrachten.
Ich soll etwas aufzählen.

c. **Wie** sollst du es tun?

>>> allein, mit einem Partner, in einer Gruppe

mündlich, schriftlich

3. Schritt: Mit eigenen Worten wiedergeben

4 Welcher Satz gibt die Beispiel-Aufgabe ☐1 richtig wieder?
Schreibe auf.

Ich bearbeite die Aufgabe mündlich und
vergleiche Wiesen-Pflanzen.
Ich soll mündlich Pflanzen aufzählen,
die auf einer Wiese wachsen.
Ich soll Wiesen-Pflanzen entdecken und genau betrachten.

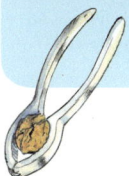

Bei langen Aufgaben musst du jede Teilaufgabe einzeln bearbeiten.

1. Schritt: Genau lesen

5 a. Lies die Beispiel-Aufgabe 2 genau.
Achte besonders auf die Verben (Tunwort).
b. Aus wie vielen Teilen besteht die Aufgabe?

> 2 a. Beschreibe die Frucht vom Löwenzahn.
> b. Begründe, warum die Frucht mit dem Wind so weit fliegen kann.

6 a. Schreibe das Verb aus jeder Teilaufgabe auf.
b. Schreibe den Infinitiv (die Grundform) dazu.

2. Schritt: Überlegen, was zur Lösung gehört

7 a. Lies die Beispiel-Aufgabe 2 noch einmal.
b. **Was genau** sollst du beschreiben und begründen?
c. **Wie** sollst du es tun?

> Bei Aufgabe 2 a. soll ich …
> Bei Aufgabe 2 b. soll ich …

››› allein, mit einem Partner, in einer Gruppe
mündlich, schriftlich

3. Schritt: Mit eigenen Worten wiedergeben

8 Was sollst du in Beispiel-Aufgabe 2 a. und b. tun?
Schreibe die Sätze auf. Ergänze die Lücken.

Ich bearbeite die Aufgabe ____.
Bei Aufgabe 2 a. soll ich wiedergeben, wie ____ aussieht.
Bei Aufgabe 2 b. soll ich Gründe nennen, warum ____.

Texte lesen und verstehen: Der Textknacker

Der Textknacker hilft dir, Texte zu lesen und zu verstehen.

1. Schritt: Vor dem Lesen

1 a. Sieh dir die Bilder an.
   b. Lies die Überschrift.
   c. Worum könnte es in dem Sachtext gehen?
      Schreibe deine Vermutung auf.

2. Schritt: Das erste Lesen

2 a. Zähle die Absätze.
   b. Lies die hervorgehobenen Schlüsselwörter.
   c. Überprüfe deine Vermutung von Aufgabe 1c.
      Schreibe auf, worum es in dem Text geht.

3. Schritt: Den Text genau lesen

3 Lies den ganzen Text – Absatz für Absatz.

Papier verbrauchen

1 Jeder Mensch in Deutschland verbraucht
2 im Durchschnitt 256 Kilogramm Papier jedes Jahr.

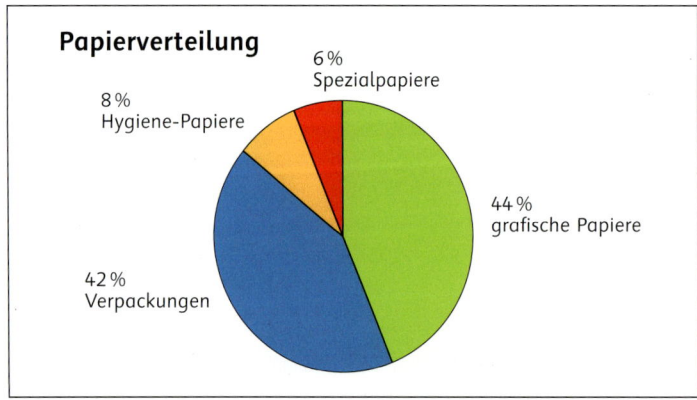

3 Der größte Teil wird für grafisches Papier benötigt.

4 Das ist Papier zum Lesen und Schreiben,

5 für Zeitschriften und Schulhefte, für Bücher und

6 Briefpapier. Zum grafischen Papier gehören auch

7 Geldscheine, Fotos und Plakate.

8 Wir verbrauchen auch viel Papier für Verpackungen,

9 wie zum Beispiel Safttüten, Eierkartons oder

10 die Verpackung von Pizza.

11 Spezialpapier nennen wir Papier, das wir für besondere

12 Zwecke brauchen. Spezialpapiere sind zum Beispiel

13 Papiere zum Basteln, Tapeten, Kaffeefilter oder Teebeutel.

14 Außerdem brauchen wir auch Papier, um uns und unsere

15 Umgebung sauber zu halten und zu pflegen.

16 Diese Papiere nennen wir Hygiene-Papiere. Dazu zählen

17 zum Beispiel Toilettenpapier oder Papier-Taschentücher.

4. Schritt: Nach dem Lesen

 4 a. Welche vier Papier-Arten können wir unterscheiden?
Schreibe in eine Tabelle.

→ Eine Tabelle zeichnen:
Seite 292

b. Welche Beispiele für die vier Papier-Arten werden
genannt? Ordne in eine Tabelle ein.

Papier-Arten	Beispiele
grafische Papiere	Zeitschriften …

Das Kreisdiagramm zeigt den Verbrauch der Papier-Arten.

5 Werte das Diagramm aus. Ergänze die Sätze.

Wir verbrauchen insgesamt 256 Kilogramm Papier jedes Jahr.

Davon haben grafische Papiere einen Anteil von ▨▨▨▨.

Von Verpackungen verbrauchen wir jährlich ▨▨▨▨.

Der Anteil an Hygienepapieren beträgt pro Jahr ▨▨▨▨

und von Spezialpapieren verbrauchen wir ▨▨▨▨.

Ideensammlung: Die Mindmap

**In einer Mindmap sammelst du Informationen zu einem Thema.
Du stellst die Informationen geordnet dar.**

**Ellen und Hakim haben Informationen zu den Arbeitsgemeinschaften ihrer
Schule in einer Mindmap gesammelt und geordnet.**

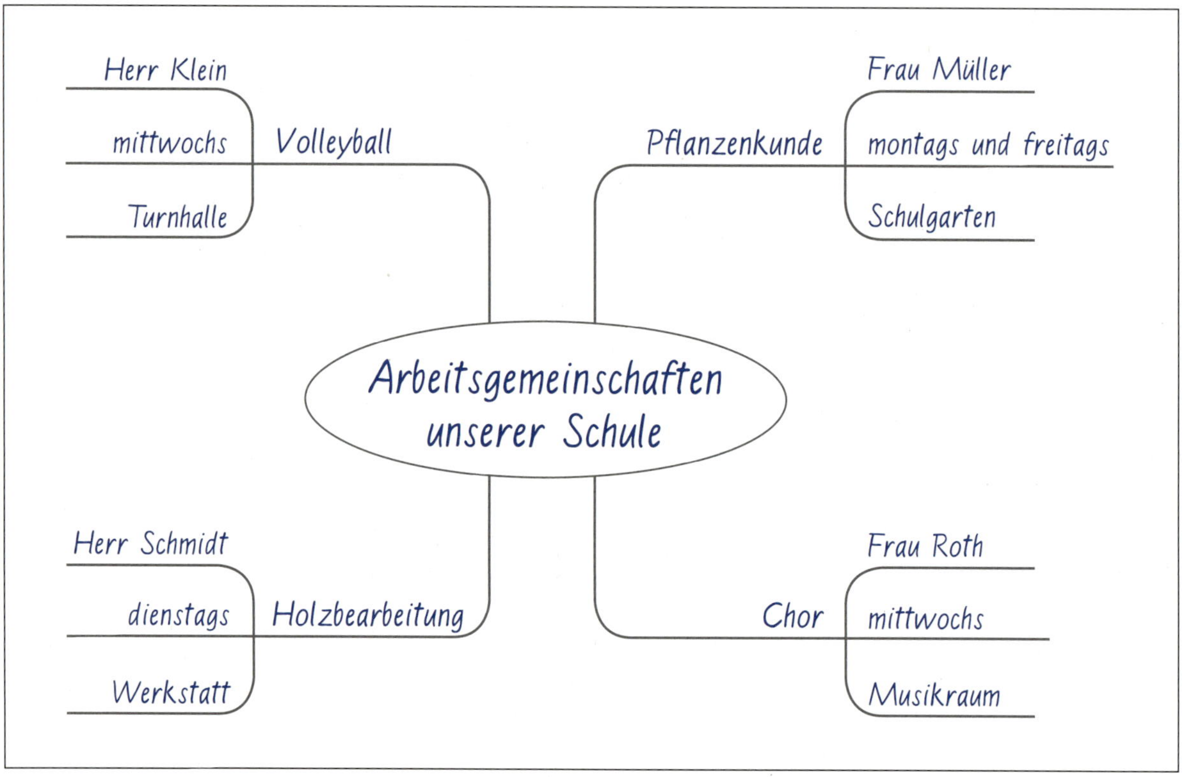

Herr Klein

mittwochs   Volleyball

Turnhalle

Frau Müller

Pflanzenkunde   montags und freitags

Schulgarten

**Arbeitsgemeinschaften
unserer Schule**

Herr Schmidt

dienstags   Holzbearbeitung

Werkstatt

Frau Roth

Chor   mittwochs

Musikraum

 1 Seht euch die Mindmap an.
Welche Informationen über die Arbeitsgemeinschaften erhaltet ihr?

Eine Mindmap hat einen bestimmten Aufbau.

2 Seht euch die Mindmap noch einmal an.
Wie sind die Informationen geordnet?

>>> wichtige Wörter
weitere Informationen

➡ In der Mitte steht das Thema.
Um das Thema herum stehen ▨▨▨▨ zu dem Thema.
Zu den wichtigen Wörtern gibt es ▨▨▨▨.

**Du kannst selbst Informationen zu einem Thema
in einer Mindmap sammeln und ordnen.**

W 3 Wähle ein Thema aus, zu dem du Informationen sammeln
und ordnen willst. Oder finde ein eigenes Thema.

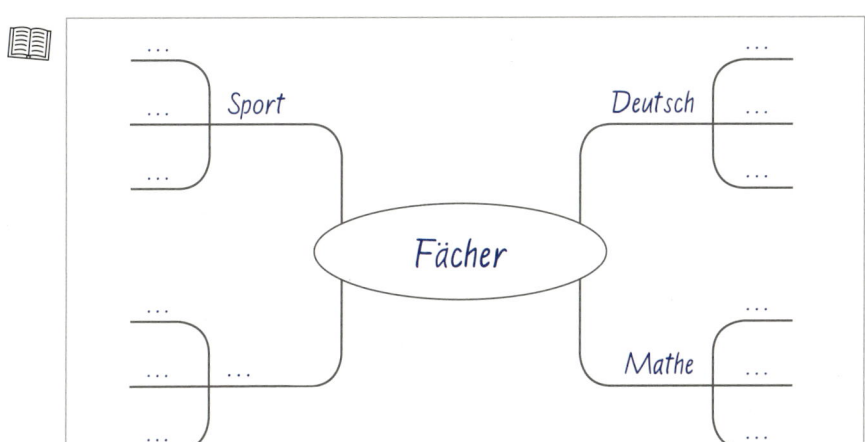

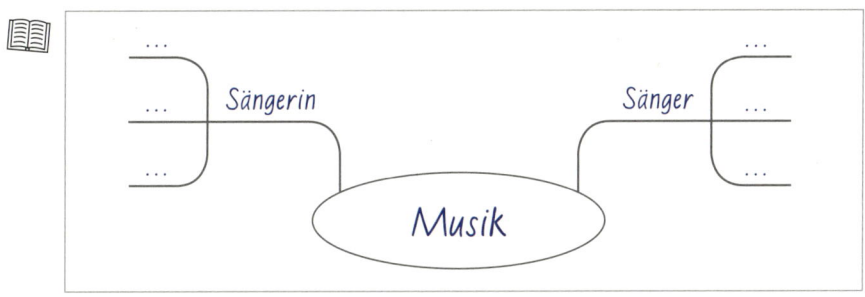

4 Fertige eine Mindmap an.
Beachte dabei die Arbeitstechnik **Die Mindmap**.

⚙ Arbeitstechnik

Die Mindmap

- Ich nehme ein **Blatt** Papier.
- Ich schreibe in die Mitte das **Thema**.
- Ich **kreise** das Thema **ein**.
- Ich **schreibe wichtige Wörter** um das Thema **herum**.
- Ich **schreibe** zu den wichtigen Wörtern
  weitere **Informationen**.
- Ich **verbinde** das **Thema mit** den **wichtigen Wörtern**.
- Ich **verbinde** die **wichtigen Wörter**
  mit den **weiteren Informationen**.

Im Lexikon nachschlagen

Wenn du dich über etwas informieren willst, kannst du in einem Lexikon nachschlagen.

 1 Verschaffe dir einen ersten Überblick.

Kredit	404

Kredit [lat.] *der*, die Überlassung einer Geldsumme für eine bestimmte Zeit gegen einen vereinbarten Preis.

Krefeld, Stadt in Nordrhein-Westfalen, in der niederrheinischen Bucht, mit 238500 E; Mittelpunkt des linken Niederrheingebiets. Die Stadt ist seit dem 17. Jh. ein Standort der Textilindustrie, daneben gibt es Betriebe der chemischen und der Metall verarbeitenden Industrie.
Krefeld wurde 1105 erstmals erwähnt, kam 1226 an die Grafen von Moers, erhielt 1373 (Kölner) Stadtrecht, stand 1600–1702 unter oranischer Herrschaft und kam 1702 an Preußen.

Kreuzung, *die*, in der Tier- und Pflanzen-Züchtung die Paarung von Individuen mit unterschiedlichen Erbanlagen.

405	Krone

Krokodile [griech.], 1,5–7 m lange Reptilien mit einem Hautpanzer, flachem Schädel und Ruderschwanz. Sie leben in tropischen und subtropischen Gebieten. Die vier Hinterzehen sind durch Schwimmhäute verbunden, die fünf Vorderzehen sind frei. Die Krokodile sind Fleischfresser (v. a. Fische, Vögel und Säuger) und verschlingen ihre Beute ganz. Sie tragen mehrere Kilogramm Steine im Magen, mit deren Hilfe sie die Nahrung dann zerkleinern. → auch Alligatoren.

Krone, *die*, Kopfschmuck und Teil der Herrschaftszeichen des Herrschers.

K

---

 2 Was steht als Erstes oben auf den Seiten?

Mit Hilfe der Kopfwörter kannst du dich im Lexikon zurechtfinden.
Sie geben an, welche Wörter auf den Seiten stehen.

3 a. Welche zwei Kopfwörter stehen auf den Seiten?
b. Welche dieser Wörter findest du zwischen den zwei Kopfwörtern?

der Krokus   Krokodile   die Kreuzung
die Kriechtiere   die Kreuzotter   Kristalle

Der folgende Lexikoneintrag steht zwischen den Kopfwörtern Kredit und Krone.

4 Lies den Lexikoneintrag.
Wende die Schritte vom Textknacker an.

→ Textknacker: Seite 288

1. Schritt: Vor dem Lesen

2. Schritt: Das erste Lesen

3. Schritt: Den Text genau lesen

1 **Krokodile** [griech.], 1,5 – 7 m lange Reptilien mit
2 einem Hautpanzer, flachem Schädel und Ruderschwanz.
3 Sie leben in tropischen und subtropischen Gebieten.
4 Die vier Hinterzehen sind durch Schwimmhäute
5 verbunden, die fünf Vorderzehen sind frei.
6 Die Krokodile sind Fleischfresser (v. a. Fische, Vögel
7 und Säuger) und verschlingen ihre Beute ganz.
8 Sie tragen mehrere Kilogramm Steine im Magen,
9 mit deren Hilfe sie die Nahrung dann zerkleinern.
10 → auch Alligatoren.

4. Schritt: Nach dem Lesen

5 Was hast du über Krokodile erfahren?
Beantworte die folgenden Fragen in Stichworten.
• Wo leben Krokodile?
• Wie lang sind sie?
• Wie sehen Krokodile aus?
• Was fressen sie?
• Was tragen Krokodile in ihrem Magen?

→ Stichworte aufschreiben: Seite 292

Z **In einem Lexikoneintrag gibt es mehrere Informationen zu einem Wort. Wenn es zu einem Lexikoneintrag noch weitere Informationen gibt, wird es so gekennzeichnet: → auch Alligatoren.**

Texte überarbeiten: Die Schreibkonferenz

Özlem hat ihre Freundin Liana beschrieben.

  1 a. Bildet Dreiergruppen.
b. Lest die Personenbeschreibung von Özlem.

1 Meine Freundin Liana
2 Ich möchte meine Freundin Liana beschreiben.
3 Auf dem Foto sitzt Liana auf einem Tisch und lacht.
4 Das Gesicht von Liana ist schmal.
5 Ihre Ohren sind klein.
6 Ihre Augen sind groß, aber schmal.
7 Ihre Nase ist normal groß. Ihr Mund ist breit.
8 Liana hat lange braune Haare. Sie hat einen Pony.
9 Die Haare sind seitlich zu einem Zopf frisiert.
10 Liana trägt enge blaue Jeans.
11 Die Hosenbeine sind hochgekrempelt.
12 Liana hat hellblaue Turnschuhe mit weißen Sohlen an.
13 Besonders auffallend ist die tolle Tasche.
14 Auch das T-Shirt von Liana fällt auf.

Özlem, Marco und Anna möchten die Personenbeschreibung gemeinsam in einer Schreibkonferenz überarbeiten.

Marco findet die Sätze in Zeile 4–7 langweilig. Sie klingen alle ähnlich.

4 Das Gesicht von Liana ist schmal.
5 Ihre Ohren sind klein.
6 Ihre Augen sind groß, aber schmal.
7 Ihre Nase ist normal groß. Ihr Mund ist breit.

 2 Wie kann Özlem die Sätze anders formulieren?
Probiert verschiedene Möglichkeiten.
Schreibt die neuen Sätze auf.

Lianas Augen sind …

Anna meint, dass Özlem die Besonderheiten noch genauer beschreiben sollte.

13 *Besonders auffallend ist die tolle Tasche.*

14 *Auch das T-Shirt von Liana fällt auf.*

 3 Wie sieht die Tasche aus? Wie sieht das T-Shirt aus? Beschreibt genauer. Schreibt Sätze auf.

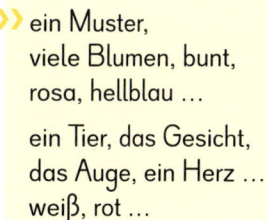
>>> ein Muster, viele Blumen, bunt, rosa, hellblau …

ein Tier, das Gesicht, das Auge, ein Herz … weiß, rot …

Özlem fällt auf, dass die Wirkung der Person in der Beschreibung fehlt.

 4 Wie wirkt Liana auf euch? Schreibt Sätze auf.

>>> fröhlich, offen, sympathisch, frech …

✏ **5** Schreibe die überarbeitete Personenbeschreibung auf. Verwende die Ergebnisse von Aufgabe 2 bis 4.

Ihr könnt eure eigenen Texte in einer Schreibkonferenz überarbeiten.

⚙ **Arbeitstechnik**

Eine Schreibkonferenz durchführen

- Einer **liest** seinen **Text vor**. Die anderen **hören** genau **zu**.
  - Was **gefällt** euch **gut**?
  - Was habt ihr **nicht verstanden**?
- **Überarbeitet** gemeinsam den Text, bis er euch gefällt. Überarbeitet zum Beispiel:
  - die **Satzanfänge**
  - die **Verben** (Tunwörter)
  - die **Adjektive** (Wiewörter)
- Überprüft, ob alles **richtig geschrieben** ist.
- Schreibt zum Schluss den überarbeiteten Text ordentlich auf.

Selbstständig planen und arbeiten
Einen Arbeitsplatz einrichten

Du verbringst täglich viel Zeit zum Lernen und Arbeiten an deinem Arbeitsplatz.

1 **a.** Beschreibe die Arbeitsplätze ☐1 und ☐2.
    b. Welcher Arbeitsplatz gefällt dir besser? Begründe.

2 Welche Materialien brauchst du an deinem Arbeitsplatz?

    a. Schreibe auf.
    b. Überlege:
      • Was brauchst du oft? Das sollte in der Nähe liegen.
      • Was brauchst du nur manchmal?
      • Was brauchst du selten?
    c. Zeichne einen Arbeitsplatz für dich.
      Beachte dein Ergebnis von **b.**
    d. Präsentiere deine Zeichnung in der Klasse.

3 Was funktioniert an deinem Arbeitsplatz schon gut?
Was nicht? Schreibe auf.

Dein Arbeitsplatz sollte so sein, dass du in Ruhe und konzentriert deine Aufgaben bearbeiten kannst.

4 Wie könnt ihr eure Arbeitsplätze noch verbessern?
Sammelt an der Tafel.

Aufgaben und Freizeit sinnvoll planen

Ein Wochenplan zeigt dir alle deine Termine und
Aufgaben in einer Woche.

Montag	Dienstag	Mittwoch	Donnerstag	Freitag	Samstag	Sonntag
8:00–13:00 Unterricht	8:00–13:50 Unterricht	8:00–… Unterricht	8:00–… Unterricht	8:00–… Unterricht	vormittags: frei	
Mittag	Mittag	Mittag	Mittag	Mittag	Mittag	Mittag
15:00–16:00 Einkaufen helfen	15:00–16:30 Hausaufgaben	14:30–15:30 Hausaufgaben			14:00–16:00 Hausaufgaben	nachmittags: Rausgehen
16:00–16:30 Hausaufgaben		15:30–16:00 Aylin abholen	16:00–18:00 Hausaufgaben		16:00–18:00 Basketball	

5 a. Besprecht den Wochenplan.
- Was ist an den Schultagen vormittags eingetragen?
- Welche Aufgaben sind nachmittags und am Wochenende eingetragen?
- Welche Termine sind für Freizeit und Erholung eingetragen?

b. Wann ist noch Zeit für Verabredungen und andere Hobbys? Nennt Tage und Uhrzeiten. Begründet.

Du kannst eine Vorlage für einen Wochenplan mit dem PC gestalten.

Mein Wochenplan

Montag	Dienstag	Mittwoch	Donnerstag	Freitag	Samstag	Sonntag

6 a. Öffne das Schreibprogramm.
b. Schreibe als Überschrift **Mein Wochenplan**.
c. Lege eine Tabelle mit 7 Spalten und 6 Zeilen an.
d. Schreibe die Wochentage als Überschriften in die Spalten.
e. Speichere den Wochenplan.
f. Drucke ihn aus.

7 Trage deine Termine und Aufgaben in den Wochenplan ein.
- Wie lange hast du an den Schultagen Unterricht?
- Wie lange brauchst du jeden Tag für die Hausaufgaben?
- Welche anderen Aufgaben und Termine hast du?

Briefe schreiben

Die Klasse von Kia plant einen Ausflug. Kia erbittet in einem Brief Informationen. Sie schreibt einen Geschäftsbrief.

① der Absender .... Kia Sander
Kurze Straße 11
63129 Mönchengladbach

② die Adresse .... Biologische Station im Kreis Düren e.V.
Zerkaller Straße 5
52385 Nideggen

Mönchengladbach, 23. Mai 2014 .... ③ der Ort, das Datum

④ der Betreff .... **Bitte um Informationsmaterial**

⑤ die Anrede .... Sehr geehrte Damen und Herren,

⑥ der Textblock .... ich bin Schülerin einer 7. Klasse in Mönchengladbach.
Unsere Klasse möchte im nächsten Monat einen Ausflug machen.
In der Zeitung haben wir erfahren, dass es in der Biologischen
Station in Düren vieles zu entdecken gibt.
Wir wollen uns gut vorbereiten und möchten gern wissen:
Welche Veranstaltungen finden im Juni statt? Wie teuer sind
die Veranstaltungen? Gibt es Ermäßigungen für Schulklassen?
Wir bitten Sie deshalb, uns Informationsmaterial zu schicken.
Ich danke Ihnen für Ihre Bemühungen.

⑦ der Gruß .... Mit freundlichen Grüßen
⑧ die Unterschrift .... *Kia Sander*

Ein Geschäftsbrief hat eine besondere Form.

1 Welche Bestandteile gehören zu einem Geschäftsbrief?

    a. Sieh dir den Brief genau an.
    b. Schreibe eine Checkliste.
       Tipp: Zeichne außerdem die Skizze ab.

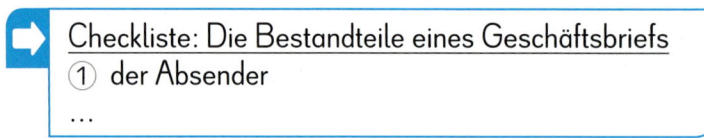

Checkliste: Die Bestandteile eines Geschäftsbriefs
① der Absender
…

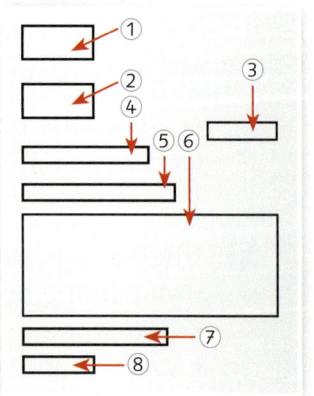

**Bei einem Geschäftsbrief ist es wichtig,
was und in welcher Reihenfolge du schreibst.**

2 Was schreibt Kia im **Textblock** ihres Briefes?
Ordne die Inhalte in die richtige Reihenfolge.
Schreibe auf.

die Bitten an den Empfänger   der Grund des Schreibens
der Dank für die Bemühungen   die Vorstellung der eigenen Person
die Fragen an den Empfänger

 Der Textblock eines Geschäftsbriefs
die Vorstellung der eigenen Person
…

**Du kannst einen eigenen Geschäftsbrief entwerfen.
Der Schreibprofi hilft dir dabei.**

1. Schritt: Vor dem Schreiben

W **3** Wähle einen Anlass aus:
• Du willst Informationsmaterial über eine Veranstaltung.   ⟩⟩⟩ ein Konzert,
  Schreibe an den Veranstalter.   eine Theater-Aufführung,
• Oder du willst an der Schule etwas verbessern und   ein Festival …
  hast eine Idee. Schreibe an die Schulleitung.

4 **Was willst** du schreiben?
Sammle Ideen. Schreibe Stichworte auf.   → Stichworte aufschreiben:
                                                    Seite 292

2. Schritt: Beim Schreiben

5 Schreibe deinen Geschäftsbrief auf ein Blatt.
Verwende deine Stichworte von Aufgabe 4.

3. Schritt: Nach dem Schreiben

6 a. Überprüfe deinen Geschäftsbrief.
Verwende deine Ergebnisse von Aufgabe 1 und 2.
b. Überarbeite deinen Geschäftsbrief.

Versuche beschreiben

**Im Fachunterricht werden häufig Versuche durchgeführt.
Oft will man dadurch eine bestimmte Frage beantworten,
zum Beispiel: Kann Papier Wasser leiten?**

**Die Bilder zeigen einen Versuch mit einem Streifen Küchenpapier
und rot gefärbtem Wasser.**

  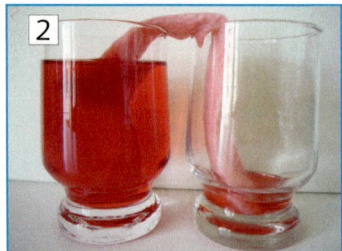

nach
30 Minuten

nach
150 Minuten

 1 Welche Materialien benötigst du für den Versuch?

    a. Sieh dir Bild 1 an.
    b. Schreibe eine Liste.

> Folgende Materialien benötige ich:
> – 1 Glas mit Wasser
> – 1 …

 2 Was passiert auf den Bildern 2 bis 4 ?
    Sprich in vollständigen Sätzen.

 3 **a.** Führt den Versuch durch.
    b. Beobachtet, was passiert.
    c. Beschreibt, was ihr beobachtet.
    d. Erklärt das Ergebnis.
    Tipp: Ihr könnt den Versuch nicht selbst durchführen?
            Oder ihr seid unsicher, wie man das Ergebnis erklären
            soll? Dann schlagt auf Seite 322 nach.

**Eine Versuchsbeschreibung sollte klar und übersichtlich sein.
Dann kann auch jemand anders den Versuch durchführen.**

4 Welches Bild auf Seite 220 zeigt die Vorbereitung?
Welche Bilder zeigen die Durchführung? Schreibe auf.

5 Die folgenden Ausschnitte aus einer Versuchsbeschreibung
sind noch ungeordnet. Ordne sie den Bildern zu.

> **A**
> Die Durchführung:
> Zuerst tauche ich einen Papierstreifen mit einem Ende in das Glas mit Wasser.
> Danach hänge ich das andere Ende in das leere Glas.

> **B**
> Das Ergebnis:
> Nach 30 Minuten ist das leere Glas schon ein Viertel mit Wasser gefüllt.
> Nach 150 Minuten ist in beiden Gläsern gleich viel Wasser.

> **C**
> Das Material:
> Folgende Materialien benötige ich: 1 Glas mit Wasser, 1 Glas ohne Wasser,
> 1 Streifen Küchenpapier.

➡ Bild 1 = C   Bild 2 …

**Auch die Erklärung des Ergebnisses gehört zu der Versuchsbeschreibung.
Die Erklärung steht am Ende.**

 6 Lies die Erklärung.

> Die Erklärung des Ergebnisses:
> Papier besteht aus vielen Fasern.
> Zwischen den Fasern und in den Fasern wird das Wasser ins andere Glas geleitet.
> Das geschieht so lange, bis beide Gläser gleich voll sind.

7 Schreibe nun die vollständige Versuchsbeschreibung auf.

a. Verwende die Ausschnitte der Aufgaben 5 und 6
in der richtigen Reihenfolge.
b. Finde eine passende Überschrift.

Schrift und Schreiben

Schön schreiben – lesbar schreiben

Andro und Mila haben eine Gedichtstrophe abgeschrieben.

Goldstrahlen schießen übers Dach,
Die Hähn kräh den Morgenwach;
Nun einer hier, nun einer dort,
So kräht es nun von Ort zu Ort.

Goldstrahlen schießen übers Dach,
Die Hähne krähn den Morgen wach.
Nun einer hier, nun einer dort,
So kräht es nun von Ort zu Ort.

die Strophe von Mila   die Strophe von Andro

1 a. Vergleicht die Strophen miteinander.
   - Welche Strophe könnt ihr gut lesen?
   - Welche Strophe könnt ihr schlecht lesen?
   b. Woran liegt das? Begründet.

2 Schreibe die Gedichtstrophe sauber und lesbar ab.   → Sätze abschreiben: Seite 300

   1 **Goldstrahlen / schießen / übers Dach, /**

   2 **Die Hähne krähn / den Morgen wach. /**

   3 **Nun einer hier, / nun einer dort, /**

   4 **So kräht es nun / von Ort zu Ort. /**

Tipps:
- Schreibe auf der Linie.
- Lass genügend Abstand zwischen den Wörtern.
- Achte darauf, dass die Buchstaben nach oben und nach unten immer gleich lang sind.

3 Was könnt ihr an eurer Schrift noch verbessern?

   a. Tauscht eure Gedichtstrophen aus.
   b. Gebt euch gegenseitig Tipps. Schreibt Stichworte auf.   → Stichworte aufschreiben: Seite 292

Mit den folgenden Übungen kannst du deine Schrift trainieren.

✏️ **4** Schreibe die Formen auf. Schreibe, ohne den Stift abzusetzen.

Nun kannst du das genaue Schreiben von Buchstaben üben.

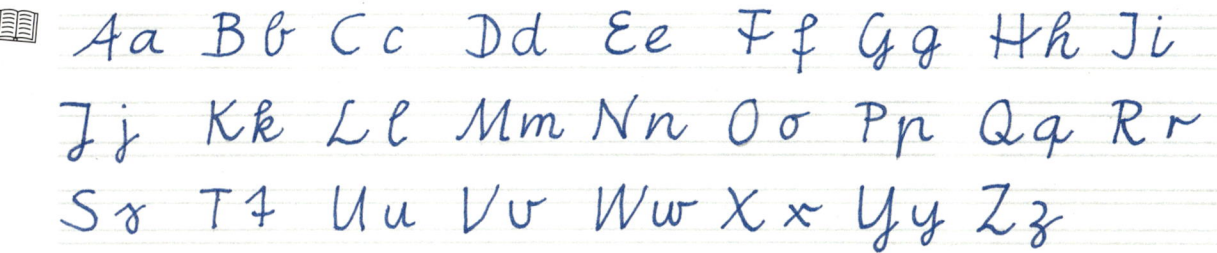

✏️ **5** Schreibe die Buchstaben auf.
Beachte die Tipps von Aufgabe 2.

Schreibe sorgfältig und deutlich.
Dann kann man alles gut lesen und auch verstehen.

✏️ **6** **a.** Schreibe die folgenden Wörter sorgfältig auf.
b. Lies die Wörter vor.

das Buch	das Lineal	die Pause	der Radiergummi
das Regal	die Familie	die Uhr	das Jahr
der Platz	die Klasse	das Xylophon	die Yacht

Ein Lernplakat gestalten

Auf ein Plakat schreibst du am besten in Druckschrift.
Das genaue Schreiben von Druckschrift kannst du üben.

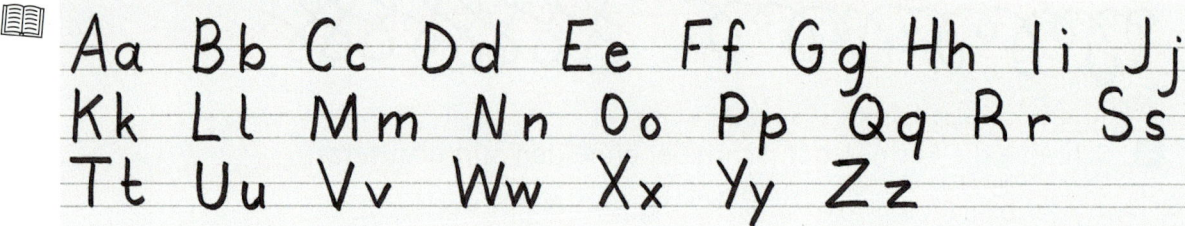

Aa Bb Cc Dd Ee Ff Gg Hh Ii Jj
Kk Ll Mm Nn Oo Pp Qq Rr Ss
Tt Uu Vv Ww Xx Yy Zz

1 Schreibe jeden Druckbuchstaben zweimal auf.
Tipps:
- Schreibe auf der Linie.
- Achte darauf, dass die Buchstaben nach oben und nach unten immer gleich lang sind.

Für Plakate brauchst du oft auch Zahlen.

0 1 2 3 4 5 6 7 8 9 10 20 30 100 1000

2 Schreibe jede Zahl zweimal auf.

Plakate sollen auch aus der Entfernung lesbar sein.
Schreibe daher die Buchstaben und Zahlen besonders groß.

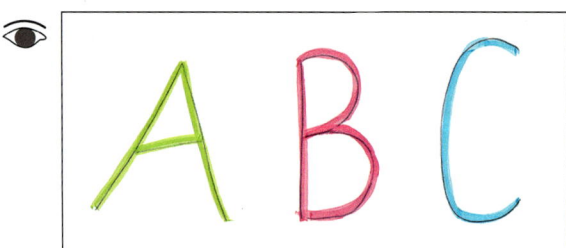

3 **a.** Nimm ein Blatt im Querformat.
b. Schreibe drei große Druckbuchstaben oder Zahlen mit Bleistift vor.
c. Schreibe die Buchstaben oder Zahlen mit einem dicken Stift nach.

Ihr könnt ein Lernplakat zu Gesprächsregeln gestalten.

> *Wir hören uns gegenseitig zu.*
> *Wir reden nicht durcheinander.*
> *Wir sehen den Gesprächspartner an.*
> *Wir sprechen nur zum Thema.*

4 a. Schreibt die Gesprächsregeln auf weiße Blätter.
Schreibt groß genug und lesbar.
b. Findet passende Bilder.
Oder malt selbst Bilder.

Nun könnt ihr das Lernplakat gestalten.

→ Ein Plakat gestalten:
Seite 297

5 a. Besorgt einen großen Plakatkarton, einen Bleistift,
ein Lineal, einen Klebestift und dicke Stifte.
b. Legt die Materialien bereit.

6 a. Entscheidet, welches Format euer Plakat haben soll.
b. Legt das Plakat in dem gewählten Format vor euch.

Querformat

Hochformat

7 Überlegt, wie das Plakat aussehen soll:

a. Legt dazu die Blätter mit den Gesprächsregeln
und die Bilder auf das Plakat.
b. Entscheidet, ob eure Anordnung übersichtlich ist.
Klebt nun die Blätter und Bilder auf.
c. Findet eine passende Überschrift. Schreibt sie auf.

8 Hängt eure Lernplakate in der Klasse auf.

1. Trainingseinheit

 **Im Spiegel**

1 Corinnas Familie / war am Wochenende /

2 in eine neue Wohnung gezogen. / Die Wohnung /

3 ist außerhalb / der Stadt. / Alle freuen sich /

4 auf die neue Freiheit / in der Natur. / Vor Aufregung /

5 lag Corinna trotz Finsternis / lange wach. / ▲

6 Das wurde / zum Hindernis / am Montagmorgen: /

7 Corinna schlief / bis sieben Uhr. / Die Mutter weckte

8 sie. / Schnell ging Corinna / ins Bad / und sah /

9 wie immer / zuerst / in den Spiegel. / ⬤

10 Sie überlegte, / ob sie in der neuen Klasse /

11 Freunde finden würde. / Plötzlich sagte ihr Spiegelbild: /

12 „Kein Grund zur Sorge, / sei einfach du selbst!" / ⬛

(87 Wörter)

✎ **1** Warum lag Corinna lange wach? Schreibe den Satz ab.

✎ **2** Im Text sind Nomen hervorgehoben.

    a. Zeichne eine Tabelle.
    b. Ordne die Nomen ein.

➜ Eine Tabelle zeichnen: Seite 292

Nomen mit -ung	Nomen mit -heit	Nomen mit -nis
die …	die …	die …
		das …

✎ **3** Ordne auch die folgenden Nomen in die Tabelle ein:

das Ergebnis	die Gleichheit	die Wahrheit
die Verspätung	die Kreuzung	das Erlebnis

 Wörter mit **-ung**, **-heit** und **-nis** sind Nomen.
Nomen schreiben wir immer **groß**.

Z Mit **-ung**, **-heit** und **-nis** kannst du **Nomen bilden**.

 4 **a.** Bilde Nomen mit **-ung**, **-heit** und **-nis**.

entfernen
heizen   **+ ung**
verletzen

schön
gesund   **+ heit**
klug

geheim
ereignen   **+ nis**
verzeichnen

b. Ordne die Nomen mit Artikel in die Tabelle ein.   → Wörterliste: Seite 308–318

➡ entfernen + ung = Entfernung

**Bei manchen Verben aus dem Text
ändert sich der (Stamm-) Vokal.
Du kannst sie als Wörterreihen aufschreiben und üben.**

 5 **a.** Lies die Wörterreihen. Achte auf die blauen Vokale:

ich ziehe – ich zog – ich habe gezogen

ich liege – ich lag – ich habe gelegen

ich schlafe – ich schlief – ich habe geschlafen

ich gehe – ich ging – ich bin gegangen

ich sehe – ich sah – ich habe gesehen

b. Schreibe die Wörterreihen auswendig auf.
Beachte dabei die Arbeitstechnik.

⚙ Arbeitstechnik

So schreibe ich eine Wörterreihe auf:

- **Ich lese** die Wörterreihe.
- **Ich wiederhole** die Wörterreihe **im Kopf**.
- Ich decke die Wörterreihe zu.
- **Ich schreibe** die Wörterreihe auswendig auf.
- **Ich vergleiche.**
- **Ich verbessere.**

 6 Schreibe den Text **Im Spiegel** ab.   → Sätze abschreiben: Seite 300
Überlege dir vorher, was du schaffen kannst:
Ich schaffe es ohne Fehler bis zum ▲, ● oder ■.
Benutze den Satzprofi.

2. Trainingseinheit

📖 Kostbares Wasser

1 Der größte Teil der Erde / ist von Wasser bedeckt. /

2 Davon sind / etwa 97 Prozent / Salzwasser. /

3 Salz entzieht / unserem Körper Wasser. / ▲

4 Deshalb können wir es / nicht trinken. /

5 Süßwasser können wir trinken.

6 Es kommt als Grundwasser, / als Regenwasser /

7 und als Oberflächenwasser vor. / Oberflächenwasser

8 finden wir in Seen, / Flüssen oder Bächen. / ●

9 Menschen, Pflanzen und Tiere / brauchen Wasser /

10 zum Überleben. / Wir müssen daher täglich trinken. / ■

(63 Wörter)

✏️ **1** Warum können wir kein Salzwasser trinken?
Schreibe den Satz ab.

👄👂 **2** Im Text sind Nomen hervorgehoben.

a. Sprich und klatsche die Wörter.
b. Welche Laute werden doppelt gesprochen?
c. Sprich und klatsche auch diese Nomen mit **ss**.

    das Essen   die Tasse   der Schlüssel   das Messer   die Klasse

d. Schreibe die Wörter ab.
Benutze den Wortprofi für **Mitsprechwörter**.

➜ Mitsprechwörter
abschreiben: Seite 299

👄👂 **3** a. Sprich dir auch die folgenden Wörter mit **ss** vor.
b. Wie klingen die Vokale?

    der Schluss   die Nuss   der Kuss   nass

Z c. Schreibe die Wörter ab.
Benutze den Wortprofi für **Nachdenkwörter**.

➜ Nachdenkwörter
abschreiben: Seite 299

> Nach einem **kurzen Vokal** stehen oft **2 gleiche
> Konsonanten**. Wir nennen sie **Doppelkonsonanten**: na**ss**.

 Die Teile einer Aufzählung werden durch Komma getrennt. Vor **und** und **oder** steht kein Komma.

 4 Im Text auf Seite 230 sind Aufzählungen unterstrichen.

a. Schreibe die Aufzählungen ab.
b. Markiere die Kommas mit einem Pfeil.
c. Kreise **und** und **oder** ein.

Nomen können wir aufzählen.

 5 Wofür brauchen wir Wasser?

a. Bilde Sätze. Zähle dabei die Nomen auf.
b. Markiere die Kommas mit einem Pfeil.
c. Kreise **und** ein.

>>> die Spülmaschine,
die Waschmaschine,
die Toilette,
das Schwimmbad,
die Dusche …

 Wir brauchen Wasser für die Waschmaschine, die Spülmaschine (und) …

Auch Verben können wir aufzählen.

 6 Was können wir im Wasser tun?

a. Bilde Sätze. Zähle dabei die Verben auf.
b. Markiere die Kommas mit einem Pfeil.
c. Kreise **und** ein.

>>> schwimmen, tauchen,
planschen, schnorcheln,
kraulen, baden …

Auch Adjektive können wir aufzählen.

 7 Welche Eigenschaften hat Wasser?

a. Bilde Sätze. Zähle dabei die Adjektive auf.
b. Markiere die Kommas mit einem Pfeil.
c. Kreise **und** ein.

>>> kalt, salzig, schmutzig,
schaumig, trüb,
gefährlich,
lebenswichtig, nass …

 8 Schreibe den Text **Kostbares Wasser** ab.
Überlege dir vorher, was du schaffen kannst:
Ich schaffe es ohne Fehler bis zum ▲, ● oder ■.
Benutze den Satzprofi.

→ Sätze abschreiben: Seite 300

3. Trainingseinheit

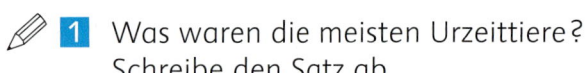 **Urzeittiere**

1 Forscher finden / immer wieder / Skelette von Tieren /

2 aus der Urzeit. / Diese Tiere lebten, / als es auf

3 der Erde / noch keine Menschen gab. / Die meisten

4 Urzeittiere / waren friedliche Pflanzenfresser. / ▲

5 Es gab aber auch Fleischfresser. / Norwegische

6 Forscher fanden / ein riesiges Skelett. /

7 Es war acht Meter lang / und hatte gewaltige Zähne. /

8 Jeder Zahn war so groß / wie eine Ananas. / ●

9 Nach mühsamen Ausgrabungen / entdeckten

10 die Forscher / auch Knochen von anderen Tieren. /

11 Die Fundstücke werden / im Museum ausgestellt, /

12 weil sich viele Menschen / dafür interessieren. / ■

(80 Wörter)

1 Was waren die meisten Urzeittiere?
Schreibe den Satz ab.

2 In dem Text sind Adjektive hervorgehoben.

a. Schreibe die Adjektive ab.
b. Schreibe zu jedem Adjektiv die passende Grundform.

》》》 gewaltig, mühsam, norwegisch, friedlich, riesig

3 a. Ordne die Adjektive von Aufgabe 2 in eine Tabelle ein.
b. Markiere alle -ig, -lich, -isch, -sam.

→ Eine Tabelle zeichnen: Seite 292

Adjektive mit -ig	Adjektive mit -lich	Adjektive mit -isch	Adjektive mit -sam
…	…	…	…

4 a. Ordne auch die folgenden Adjektive in die Tabelle ein:

gefährlich   vollständig   gewaltsam   alkoholisch
misstrauisch   schweigsam   giftig   ärgerlich

b. Markiere -ig, -lich, -isch, -sam.

Mit -ig, -lich, -isch und -sam können wir aus Nomen Adjektive bilden: der Mut → mutig. Adjektive werden kleingeschrieben.

5 Bilde Adjektive mit **-ig** oder **-lich**.

die Gewalt   das Salz   das Viereck
der Sport   der Ärger   das Glück

6 Bilde Adjektive mit **-isch**.

der Dieb   der Neid   das Telefon

Z **7** Bilde Adjektive mit **-sam**. Verwende die Wörterliste.   → Wörterliste: Seite 308–318

das Schweigen   die Sorge   die Wache

8 In dem Text steht ein **Satz mit als** und ein **Satz mit weil**.

a. Schreibe die Sätze ab.
b. Kennzeichne das Komma mit einem Pfeil.
c. Kreise **als** und **weil** ein.

9 Ergänze zu jedem Satz einen Satz mit **weil**.
Denke an das Komma.

Es werden immer wieder Tierskelette gefunden, weil …
Die meisten Urzeittiere waren nicht gefährlich, weil …

〉〉〉 … Forscher Ausgrabungen machen.
… sie Pflanzenfresser waren.

10 Ergänze zu jedem Satz einen Satz mit **als**.
Denke an das Komma.

Auf der Erde lebten noch keine Menschen, als …
Die Forscher waren sehr aufgeregt, als …

〉〉〉 … es Dinosaurier gab.
… sie ein riesiges Skelett fanden.

11 Schreibe den Text **Urzeittiere** ab.
Überlege dir vorher, was du schaffen kannst:
Ich schaffe es ohne Fehler bis zum ▲, ● oder ■.
Benutze den Satzprofi.

→ Sätze abschreiben: Seite 300

4. Trainingseinheit

📖 **Girls' Day**

1 Einmal im Jahr / findet in Deutschland /

2 der Girls' Day statt. / Dann können sich die Mädchen /

3 über Berufe informieren, / die oft als Männerberufe /

4 gelten. / Aylin fand einen Platz / bei der Feuerwehr. /

5 Ein Mitarbeiter führte sie herum. / ▲

6 Sie durfte / einen Feuerlöscher bedienen /

7 und eine Leiter hochklettern. / Für die Schülerzeitung /

8 schreibt sie von ihren Erfahrungen: /

9 Ich habe viel / über den ungewöhnlichen Beruf /

10 des Feuerwehrmanns erfahren. / ●

11 Besonders gut finde ich, / dass man dort /

12 Menschen helfen kann. / Es gibt auch /

13 eine Jugendfeuerwehr. / ■

(79 Wörter)

✏️ **1** Wie oft findet der Girl's Day statt?
Schreibe den Satz ab.

**In manchen Wörtern steht nach dem langen Vokal ein h.
Du kannst es nicht hören. Du musst dir die Wörter merken.
Die Wörter sind Merkwörter.** ❗

 2 Im Text sind Wörter hervorgehoben.

a. Lies die hervorgehobenen Wörter.

b. Schreibe die Wörter ab.
Benutze den Wortprofi für **Merkwörter**.

→ Merkwörter abschreiben:
Seite 300

 3 a. Schreibe die folgenden Wörter nach dem Abc geordnet auf.

die Wahrheit   berühmt   mehr   nehmen   der Verkehr
die Bühne   ungefähr   das Jahr   sehr   während

b. Markiere den langen Vokal und das **h**.

**Zahlen bis zu einer Million schreibst du als Zahlwort klein
und zusammen:** eins, elf, einhundert, fünfundzwanzigtausend.

 4 In den folgenden Sätzen stehen Zahlwörter.

    a. Schreibe die Sätze ab.   → Sätze abschreiben: Seite 300
    b. Markiere alle Zahlwörter.

> **Die sieben Zwerge sind Märchenfiguren.**
>
> **Ob ein Tausendfüßler wirklich tausend Füße hat?**
>
> **Er wollte unter vier Augen mit mir sprechen.**
>
> **Lisa schwebt auf Wolke sieben, seit sie Tim kennt.**
>
> **Peter hat heute null Bock zu lernen.**

 5 **a.** Schreibe die folgenden Sätze auf.
       Schreibe dabei die Zahlen als Zahlwörter.

> **Lukas ist 13 Jahre alt.**
>
> **Es ist 8 Uhr.**
>
> **Anton kann schon bis 100 zählen.**
>
> **Die Ausstellung hatte über 2000 Besucher.**
>
> **Er kommt schnell von 0 auf 100.**
>
> **Zu dem Fußballspiel kamen über 10 000 Zuschauer.**
>
> **Aus dem Urlaub sende ich dir 1000 Grüße.**

    b. Markiere die Zahlwörter.
    c. Schlage die Zahlwörter in der Wörterliste nach.   → Wörterliste: Seite 308–318

 6 Schreibe den Text **Girl's Day** ab.   → Sätze abschreiben: Seite 300
    Überlege dir vorher, was du schaffen kannst:
    Ich schaffe es ohne Fehler bis zum ▲, ● oder ■.
    Benutze den Satzprofi.

5. Trainingseinheit

📖 **Ein einmaliges Kennzeichen**

1 „Es müssen doch / Fingerabdrücke da sein", /

2 sagt die Kommissarin / zu dem Kollegen. /

3 Er antwortet: / „Leider hat der Täter /

4 zum Aufbrechen der Tür / ein Werkzeug benutzt." / ▲

5 Dieses Gespräch stammt / aus einem Fernsehkrimi. /

6 Auch in Wirklichkeit / ist das Sichern /

7 der Fingerabdrücke / eine wichtige Aufgabe /

8 an einem Tatort. / Jeder Mensch hat /

9 an seinen Fingerspitzen Linien / in der Haut. / ●

10 Beim Anfassen eines Gegenstandes / hinterlässt man /

11 einen Abdruck, / den niemand sonst hat. /

12 Durch das Bestäuben / mit dunklem Puder / kann man /

13 den Abdruck sichtbar machen. / ■   (82 Wörter)

✏ **1** Was ist an einem Tatort eine wichtige Aufgabe?
Schreibe den Satz ab.

✏ **2** Im Text sind Wortgruppen hervorgehoben.

    a. Schreibe die Wortgruppen ab.
    b. Markiere die Wörter **das**, **beim**, **zum**.

> **Aus Verben** können **Nomen** werden.
> Die Wörter **das**, **beim** und **zum** machen es!
> das Aufbrechen – beim Aufbrechen – zum Aufbrechen

✏ **3** Bilde aus diesen Verben mit **das**, **beim** und **zum** Nomen.

verlassen   kontrollieren   untersuchen   verhaften

➡ verlassen → das Verlassen – beim Verlassen – zum Verlassen

4 Schreibe die Sätze auf.
Ergänze passende Nomen aus Aufgabe 3.

1 Vielleicht hat der Täter das Werkzeug
2 beim ▬▬▬ des Tatortes verloren?
3 Das ▬▬▬ der Zimmer ist schließlich erfolgreich.
4 Beim ▬▬▬ des Werkzeugs auf Fingerabdrücke
5 erhält die Polizei wichtige Hinweise.
6 Die Kommissarin erteilt daher den Befehl
7 zum ▬▬▬ des Täters.

**Wir können in einem Text zeigen, wann jemand etwas sagt.
Wir schreiben dann wörtliche Rede:
Sie sagt: „Das ist der Täter."
„Das glaube ich nicht", antwortet er.**

5 Im Text auf Seite 236 findest du Sätze mit wörtlicher Rede.

a. Schreibe die Sätze ab.
b. Markiere die wörtliche Rede.

6 Am nächsten Tag findet das Verhör des Täters statt.

a. Schreibe die Sätze mit wörtlicher Rede auf.
b. Markiere die wörtliche Rede.

1 Die Kommissarin fragt: Wo waren Sie gestern
2 zwischen 18 und 19 Uhr?
3 Der Täter antwortet: Ich war bei Freunden.
4 Die Kommissarin erwidert: Sie wurden am Tatort gesehen.
5 Der Täter lacht: Niemals. Ich habe dort niemanden
6 gesehen!

Achtung:
Fehler!

➡ Die Kommissarin fragt:
„Wo waren Sie gestern zwischen 18 und 19 Uhr?"

7 Schreibe den Text **Ein einmaliges Kennzeichen** ab.
Überlege dir vorher, was du schaffen kannst:
Ich schaffe es ohne Fehler bis zum ▲, ● oder ■.
Benutze den Satzprofi.

→ Sätze abschreiben: Seite 300

Arbeitstechniken

Training mit Wörterlisten

**Manche Wörter sind nicht leicht zu schreiben.
Du kannst sie mit Wörterlisten üben.**

W 1 a. Welche Wörter möchtest du üben?
b. Wähle eine Wörterliste aus.

1 Im Spiegel

→ 1. Trainingseinheit
S. 228

die Familie – die Familien

die Wohnung –
die Wohnungen

die Stadt – die Städte

die Uhr – die Uhren

wecken – sie weckt

immer

zuerst

der Spiegel – die Spiegel

2 Kostbares Wasser

→ 2. Trainingseinheit
S. 230

das Wasser

bedecken – es bedeckt

der Körper – die Körper

das Salz – die Salze

trinken – er trinkt

kommen – es kommt

der See – die Seen

die Pflanze – die Pflanzen

täglich

3 Urzeittiere

→ 3. Trainingseinheit
S. 232

der Forscher – die Forscher

das Skelett – die Skelette

der Zahn – die Zähne

mühsam

entdecken – sie entdeckten

der Knochen – die Knochen

das Fundstück –
die Fundstücke

das Museum – die Museen

4 Girls' Day

→ 4. Trainingseinheit
S. 234

der Beruf – die Berufe

sich informieren

der Platz – die Plätze

die Feuerwehr

bedienen – sie bedient

die Erfahrung –
die Erfahrungen

erfahren – sie erfährt

ungewöhnlich

5 Ein einmaliges Kennzeichen

→ 5. Trainingseinheit
S. 236

der Finger – die Finger

der Abdruck – die Abdrücke

der Kollege – die Kollegen

das Werkzeug – die Werkzeuge

das Gespräch – die Gespräche

der Mensch – die Menschen

die Linie – die Linien

hinterlassen – er hinterlässt

niemand

**Du kannst die Wörterlisten allein oder
mit einer Partnerin / einem Partner üben.**

W 2 Wähle eine Übung aus.

Abschreiben

Schreibe die Wörter in dein Heft ab.
Benutze die Wortprofis.

→ Wörter abschreiben:
Seite 299/300

Ordnen

a. Ordne die Wörter nach dem Abc.
b. Schreibe sie auf.

Sätze bilden

a. Schreibe die Wörter in dein Heft ab.
b. Bilde mit jedem Wort einen Satz.
Schreibe ihn auf.

→ Wörter abschreiben:
Seite 299/300

Merken

a. Lies dir die Wörter vor.
b. Merke dir die Wörter.
c. Schreibe die Wörter auswendig auf.
d. Kontrolliere, was du geschrieben hast.
e. Streiche Fehlerwörter durch. Schreibe sie richtig darüber.

Diktieren

a. Suche eine Partnerin/einen Partner.
b. Lasse dir die Wörter diktieren.
c. Kontrolliere, was du geschrieben hast.
d. Streiche Fehlerwörter durch. Schreibe sie richtig darüber.

**Du kannst aus deinen Fehlerwörtern
eigene Wörterlisten schreiben und die Wörter üben.**

Dein Rechtschreib-Check

**Mit dem Rechtschreib-Check prüfst und
verbesserst du Wörter in deinem eigenen Text.**

**Viele Wörter schreibst du so, wie du sie sprichst und hörst.
Diese Wörter sind Mitsprechwörter.**

1. Ich lese das Wort.

3. Ich höre , wie ich das Wort schreiben muss.

6. Ich spreche das Wort und
male einen Bogen unter jede Silbe.

7. Ich vergleiche.

8. Ich verbessere.

Checkpunkt 1: deutlich sprechen – genau hinhören

1 Schreibe die Wörter ab.
Benutze dabei den Wortprofi für Mitsprechwörter.
Achte besonders auf die Schritte ☐1☐, ☐3☐, ☐6☐, ☐7☐ und ☐8☐.

der Beruf   daher   darüber   besonders   dabei   die Noten

> **!** Nach einem **langen Vokal** steht meist
> nur **ein Konsonant**: der Br<u>u</u>der.
> Nach einem **kurzen Vokal** stehen **zwei** oder
> **mehr Konsonanten**: die L<u>u</u>st.

Checkpunkt 2: langer oder kurzer Vokal?

2 Sprich dir die Wörter vor. Achte auf die blauen Vokale:
• Male beim langen Vokal einen Balken in die Luft.
• Tippe beim kurzen Vokal einen Punkt in die Luft.

die Tasche   der Weg   der Tisch   die Lampe   das Glas

3 a. Schreibe die Wörter auf.
b. Vergleiche die Wörter mit der Vorlage.
c. Verbessere.

Über manche Wörter musst du nachdenken.
Dann weißt du, wie du sie schreiben musst.
Diese Wörter sind Nachdenkwörter.

1. Ich lese das Wort.

3. Ich denke nach und **erkläre,**
wie ich das Wort schreiben muss.
– Ich suche ein verwandtes Wort.
– Ich verlängere das Wort.

6. Ich schreibe in Klammern die **Erklärung**:
die Bäume (→ der Baum), das Kind (→ die Kinder)

7. Ich vergleiche.

8. Ich verbessere.

Checkpunkt 3: verwandtes Wort?

4 Schreibe die Wörter ab.
Benutze dabei den Wortprofi für **Nachdenkwörter**.
Achte besonders auf die Schritte 1, 3, 6, 7 und 8.

größer	die Zähne	er hinterlässt	die Stärken
die Wörter	sie fährt	die Dächer	die Räume
die Bücher	die Tücher	kürzer	er fährt
die Träume	täglich	die Äpfel	jährlich

Checkpunkt 4: b, d oder g am Wortende?

5 Schreibe die Wörter ab.
Benutze dabei den Wortprofi für **Nachdenkwörter**.

die Schuld	der Erfolg	der Freund	das Kleid	die Burg
gelb	spannend	wütend	das Hemd	mutig
lieb	lustig	wichtig	der Mond	der Korb

**Bei vielen Wörtern hörst du nicht, wie du sie schreiben musst.
Du kannst es auch nicht erklären. Diese Wörter musst
du dir merken. Deshalb heißen sie Merkwörter.** !

1. Ich lese das Wort.

3. **Ich merke mir** !,
   wie ich das Wort schreiben muss.

6. Ich kreise die Merkstelle im Wort ein:
   der Zahn

7. Ich vergleiche.

8. Ich verbessere.

In manchen Wörtern steht nach dem langen Vokal ein h.

Checkpunkt 5: Ich höre kein h, aber ich schreibe es!

6 Schreibe die Wörter ab.
Benutze dabei den Wortprofi für Merkwörter.
Achte besonders auf die Schritte 1, 3, 6, 7 und 8.

| der Zahn | der Stuhl | die Höhle | die Wahl |
| die Bahn | des Mehl | sehr | mehr |

**Es gibt nur sehr wenige Wörter mit aa, ee, oo.
Du musst sie dir merken.**

**Checkpunkt 6: Ich höre nur ein a, e, o,
aber ich schreibe aa, ee, oo!**

7 Schreibe die Wörter ab.
Benutze dabei den Wortprofi für Merkwörter.
Achte besonders auf die Schritte 1, 3, 6, 7 und 8.

| das Haar | der See | der Tee | der Zoo |
| das Boot | das Meer | das Paar | der Saal |

Nomen schreibt man **groß**.
Oft steht ein **Artikel** (Begleiter) vor den Nomen.
Manche Nomen haben die Endung **-ung**, **-heit**, **-keit**.
Vor manchen Nomen steht **das**, **beim**, **zum**.

Checkpunkt 7: Groß oder klein?

 8 a. Schreibe die folgenden Nomen ab.
b. Woran erkennst du, dass es Nomen sind? Markiere es.

die Uhr	beim Aufstehen	das Prozent	die Wahrheit
die Zeitung	die Erkenntnis	das Bedienen	zum Schlafen
die Freundlichkeit			

Die Teile einer Aufzählung werden durch Komma getrennt.
Vor **und** steht kein Komma.

Mit als und weil können wir Sätze verbinden.
Vor als/weil steht ein **Komma**.

Checkpunkt 8: Komma – ja oder nein?

 9 a. Schreibe die Sätze ab.
Ergänze dabei die fehlenden Kommas.
b. Kennzeichne die Kommas mit einem Pfeil.

Heute trage ich eine Jeans eine Strickjacke und ein T-Shirt.
Im Regal stehen Bücher Ordner und Lesemappen.
Ich mag Äpfel Bananen und Döner.

> Achtung:
> Fehler!

 10 a. Schreibe die Sätze ab.
Ergänze dabei die fehlenden Kommas.
b. Kennzeichne die Kommas mit einem Pfeil.
c. Kreise als und weil ein.

Corinna ist heute sehr müde
weil ihre Familie gestern umgezogen ist.

Es ist schon sehr spät   als sie aufsteht.

Es gab noch keine Menschen   als die Dinosaurier lebten.

> Achtung:
> Fehler!

Wortfamilien und Wortfelder

Die Wortfamilie stellen

 Menschen in einer Familie sind miteinander verwandt. Auch Wörter haben eine Familie.

stellen, die Stellung, aufstellen, zustellen, die Stelle,

das Stellenangebot, die Ausstellung, feststellen, darstellen,

herstellen, einstellen

 1 Schreibe die Wörter der Wortfamilie **stellen** untereinander auf.

> stell – en
> die Stell – ung
> das Stell – enangebot
> ab – stell – en
> …

 2 a. Zeichne eine Tabelle.
b. Ordne die Wörter der Wortfamilie **stellen** ein.
c. Markiere, was immer gleich bleibt.

➜ Eine Tabelle zeichnen: Seite 292

Verben	Nomen
stellen	die Stellung
…	…

3 a. Wähle 4 Wörter aus der Wortfamilie **stellen** aus.
b. Bilde mit jedem Wort einen Satz.
c. Schreibe die Sätze auf.

Z **4** Bilde aus den Verben von Aufgabe 2
Nomen mit **-ung**.
Streiche dazu bei den Verben die Endung **-en**.
Schreibe auf.

> feststellen – die Feststellung …

Die Wortfamilie liegen

Auch diese Wörter gehören alle zu einer Wortfamilie:

liegen, durchliegen, die Liegewiese, der Liegestuhl,
herumliegen, daliegen

 1 Schreibe die Wörter der Wortfamilie **liegen**
untereinander auf.

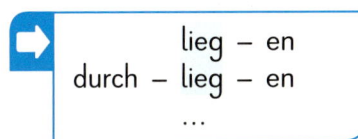

lieg – en
durch – lieg – en
...

 2 a. Zeichne eine Tabelle.
b. Ordne die Wörter der Wortfamilie **liegen** ein.
c. Markiere, was immer gleich bleibt.

→ Eine Tabelle zeichnen:
Seite 292

Verben	Nomen
...	...

3 Mit dem Präteritum **-lag-** als Wortstamm
wird die Wortfamilie noch größer.

die Niederlage, die Ablage, die Lage, die Vorlage,
die Rücklage

a. Ordne die Wörter nach dem Abc.
Schreibe sie auf.
b. Markiere, was immer gleich bleibt.

4 a. Wähle 4 Wörter aus der Wortfamilie **liegen** aus.
b. Bilde mit jedem Wort einen Satz.
c. Schreibe die Sätze auf.

5 a. Wählt eine andere Wortfamilie aus.
b. Schreibt die Wörter der Wortfamilie auf.

>>> fühlen, finden, nutzen,
springen ...

Wortfelder kennen lernen

Diese Dinge haben alle etwas mit dem Beruf Dachdecker/-in zu tun.

der Anwärmbrenner   die Andrückrolle   der Trennschleifer   der Lattenknecht   der Schieferhammer

die Dachpappe anbringen   das Dichtband andrücken   die Dachpfanne zuschneiden   den Lattenabstand messen   den Schiefer bearbeiten

1 **Welche Werkzeuge** benutzt ein/e Dachdecker/-in? Schreibe einen Cluster.

→ Einen Cluster zeichnen: Seite 291

...
...
...
die Werkzeuge
...
...

2 **Was tut** ein/e Dachdecker/-in? Schreibe einen Cluster.

→ Einen Cluster zeichnen: Seite 291

...
...
...
die Tätigkeiten
...
...

Wir können Wörter zu einem bestimmten Thema sammeln. Diese Sammlung nennen wir Wortfeld.

Wortfelder können dir helfen, wenn du dich mit
einem bestimmten Thema genauer beschäftigen möchtest,
zum Beispiel mit einem Beruf.

Jens berichtet von seiner Ausbildung:

1 „Ich habe eine Ausbildung zum Gärtner-Gehilfen[1] gemacht.

2 Jetzt arbeite ich in einer Gärtnerei.

3 Meine Arbeit ist sehr abwechslungsreich.

4 Meine Hauptaufgabe ist die Pflege städtischer Anlagen,

5 zum Beispiel von einem Park. Dazu gehört auch

6 die Pflege von Grünstreifen an der Straße.

7 Besonders gern bepflanze ich Beete. Unkraut zupfe ich

8 nicht so gerne. Manchmal muss ich auch Wege anlegen.

9 Im Sommer müssen die Pflanzen gewässert werden."

[1] der Gärtner-Gehilfe:
ein Gärtner mit
einer Gehilfenprüfung

3 Welche Wörter gehören zum Thema **Gärtner/-in**?
Schreibt die Wörter in einen Cluster.

➔ Einen Cluster zeichnen:
Seite 291

4 Welche weiteren Wörter gehören zum Thema **Gärtner/-in**?

a. Wählt passende Wörter aus.
b. Ergänzt den Cluster.

mehlig	verwelkt	kleben	gießen
die Harke	der Haartrockner	das Pflaster	die Farbe
die Blumen	die Schubkarre	nähen	die Baumschere

 5 Welche Wörter gehören zm Thema **Koch/Köchin**?
Sammle Wörter in einem Cluster.

➔ Einen Cluster zeichnen:
Seite 291

... ...

die Kelle   umrühren

der Koch – die ...

anbraten   einkaufen

...

259

Wortarten wiederholen

Nomen, Adjektive, Verben, Präpositionen

 Nina und Julian halten einen Vortrag über die Gartenkreuzspinne. Nina erklärt:

1 „Die Gartenkreuzspinne ist eine große, auffällige Spinne.
2 Sie hat ein großes, weißes Kreuzzeichen auf
3 dem Hinterleib. Das Männchen hat einen kleineren,
4 dünneren Hinterleib als das Weibchen.
5 Diese Spinnen haben unterschiedliche Färbungen.
6 Es gibt gelbe, graue oder rötliche Spinnen."

> **Adjektive (Wiewörter)** sagen, **wie** etwas ist:
> laut, gefährlich.

Zwischen den Artikel und das Nomen passt ein Adjektiv. Das Adjektiv hat dann eine besondere Endung:
die gefährliche Spinne

 1 Wie beschreibt Nina die Gartenkreuzspinne?

a. Schreibe die Beschreibungen ab.
b. Markiere die Adjektive

 Die Gartenkreuzspinne ist eine große, auffällige Spinne.

Mit Adjektiven können wir vergleichen.

 2 Schreibe die Vergleichsformen der folgenden Adjektive auf.

dick klein dünn groß stark alt laut schnell

 dick – (viel) dicker als – am dicksten

 Julian berichtet weiter:

7 „Die Lebensräume der Gartenkreuzspinne sind:

8 die Waldlichtung, der Wegrand, die Obstwiese,

9 der Hausgarten oder die Parkanlage."

> **!** **Zusammengesetzte Nomen** haben immer
> den Artikel (Begleiter) vom **zweiten** Nomen.

 **3** Wie heißen die Lebensräume der Gartenkreuzspinne?
Schreibe die zusammengesetzten Nomen so auf: → Wörterliste: Seite 308–318

> ➡ der Wald + die Lichtung = die Waldlichtung

 4 Bilde zusammengesetzte Nomen. Schreibe sie auf.

das Gift
der Vogel ——— **die** Spinne
die Wäsche

das Obst
die Sorte
der Baum
das Messer

 Julian berichtet weiter:

10 „Die Gartenkreuzspinnen knüpfen ein Radnetz.

11 Mit diesem Netz fangen sie Insekten. Zuerst treffen sie

12 mit Gift ihre Beute. Dann laufen sie in die Mitte

13 des Netzes. Von dort aus halten sie ihre Beute fest."

**Verben können wir mit ich, du, er/sie und sie verbinden.
Dann verändern sich die Verben.**

 5 **a.** Schreibe die Verben aus dem Text mit **ich**, **du** und
er/sie und **sie** auf.
b. Markiere rot, was gleich bleibt.
c. Markiere blau, was sich verändert.
d. Kontrolliere mit der Wörterliste. → Wörterliste: Seite 308–318

> ➡ ich knüpf e   du knüpf st   er/sie knüpf t   sie knüpf en

261

Wo?

**Tom macht ein Praktikum als Landwirtschaftswerker.
An einem Tag hilft er beim Sortieren der Kartoffeln.**

>>> ① die Mistgabel
② die Kisten
③ die Kartoffelsäcke
④ die Körbe
⑤ die Paletten
⑥ die Plastiksäcke
⑦ die Besen

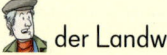 der Landwirt

 der Gehilfe

 Tom

1 **Wo** befinden sich die Kartoffeln, der Landwirt, der Gehilfe, Tom und die Arbeitsgeräte? Beschreibe den Arbeitsplatz.

Tom Der Gehilfe Der Landwirt	steht	neben vor in auf hinter an zwischen	dem Landwirt. den Körben. den Kartoffeln. dem Regal. der Ecke. den Kisten.	
Tom Der Landwirt	hält trägt		der Hand dem Kopf	eine Mistgabel. einen Hut.
Die Kartoffeln	liegen sind		dem Boden. den Körben.	
Die Kartoffelsäcke Die Plastiksäcke	lagern liegen		der Wand. den Paletten. dem Boden.	
Die Besen	lehnen stehen		den Kisten. den Kartoffeln.	

Aus in dem kann im werden.

Z **2** Bilde 3 Sätze mit im. Schreibe sie auf.

Wohin?

**Nach dem Kartoffelsortieren räumen Tom, der Gehilfe und
der Landwirt auf.**

 1 **Wohin** hängen/legen/stellen sie die Kartoffelsäcke und
die Arbeitsgeräte? Schreibe Sätze auf.

Tom Der Gehilfe Der Landwirt	stellt	die Körbe die Mistgabel die Besen die Kisten	in hinter vor an auf neben	das Regal. die Ecke. die Wand. die Paletten.
	hängt	die Arbeitshosen die Arbeitsjacke		den Haken. die Wand.
Tom und der Landwirt Sie	legen	die Kartoffelsäcke die Plastiksäcke		die Paletten. den Boden. das Regal.

Aus in das kann ins werden.

  2 Bilde 3 Sätze mit ins. Schreibe sie auf.

Adverbien

Adverbien der Zeit

**Die Klasse beschäftigt sich in der Projektwoche mit Spinnen.
Marius bereitet eine Ausstellung über giftige Spinnen vor.
Morgens erklärt ihm der Lehrer, was er tun muss:**

1 „Zuerst stellst du sieben Bänke im Klassenzimmer auf.

2 Die Plakatwände holst du danach aus dem Keller.

3 Dann hängst du die Plakate auf.

4 Aus meinem Auto holst du hinterher noch die Schaukästen."

1 a. In welcher Reihenfolge bereitet Marius die Ausstellung vor?
   b. Woran erkennt ihr die Reihenfolge?

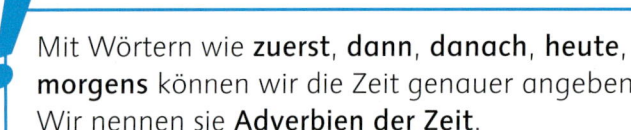

> Mit Wörtern wie **zuerst**, **dann**, **danach**, **heute**,
> **morgens** können wir die Zeit genauer angeben.
> Wir nennen sie **Adverbien der Zeit**.

2 a. Schreibe den Text von Aufgabe 1 ab.
   b. Markiere alle Adverbien der Zeit.

Diese Aufgaben muss Marius auch noch erledigen.

3 In welcher Reihenfolge erledigt Marius die Aufgaben?

   a. Schreibe Sätze auf. Verwende Adverbien der Zeit.
   b. Markiere alle Adverbien der Zeit.

 Marius kauft zuerst Stifte.

Adverbien des Ortes

Julian trifft sich mit seiner Projektgruppe am Waldparkplatz. Sein Lehrer erklärt ihm den Weg dorthin.

1 „An der Bushaltestelle musst du rechts in
2 die Mozartstraße einbiegen. Dann gehst
3 du geradeaus bis zur nächsten Ampel und
4 biegst links in die Waldstraße ein.
5 Du kommst dort am Blumenladen vorbei
6 und siehst hinten schon den Parkplatz."

 1 a. Fahrt den Weg auf der Karte mit dem Finger nach.
b. Welche Wörter im Text weisen euch den richtigen Weg?

 Mit Wörtern wie **hier, dort, links, rechts, hinten, vorne, geradeaus** können wir einen Ort oder eine Richtung genauer angeben. Wir nennen sie **Adverbien des Ortes**.

Marius wird in der Waldstraße von einem Mann nach dem Weg zur Post gefragt. Marius antwortet:

1 „Sehen sie ▭ den Blumenladen?
2 Sie fahren zunächst ▭ bis zur Kreuzung.
3 Dann biegen sie ▭ in die Mozartstraße ein.
4 Die Post sehen sie direkt ▭ an der Ecke."

 2 a. Fahrt den Weg zur Post auf der Karte mit dem Finger nach.
b. Ergänzt die Wegbeschreibung mit passenden Adverbien des Ortes.

 3 a. Schreibe die vollständige Wegbeschreibung auf.
b. Markiere alle Adverbien des Ortes.

Verben verwenden

Das Präsens wiederholen

Welcher Papierflieger fliegt am weitesten?
Das will die Klasse in einem Wettbewerb ausprobieren.
Doch wie bastle ich einen Papierflieger?

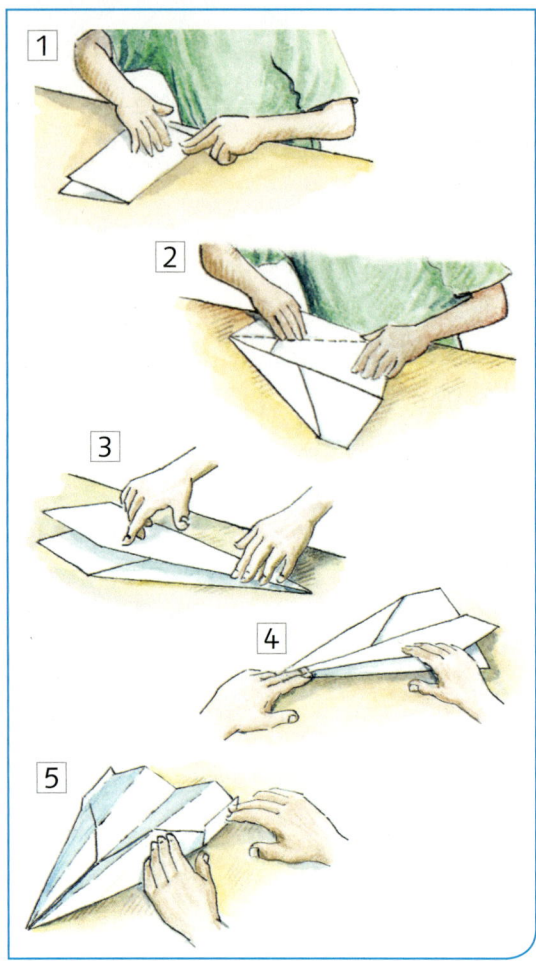

> **R** Nun falte ich die schrägen Spitzen nach unten.

> **T** Als Nächstes falte ich die vorderen Ecken zur Mittellinie.

> **T** Zum Schluss knicke ich die Flügelseiten nach oben.

> **A** Dann klappe ich die beiden Seiten in der Mittelfalte zusammen.

> **S** Zuerst falte ich das Papier der Länge nach. Danach öffne ich es wieder.

 1 Wie bastle ich einen Papierflieger?

    a. Ordne die Sprechblasen in der richtigen Reihenfolge.
       Tipp: Die Buchstaben ergeben ein Lösungswort.
    b. Schreibe die Bastelanleitung auf.
    c. Markiere die Verben.

    ➡ Zuerst falte ich das Papier der Länge nach.

Das Perfekt wiederholen

**Die Klasse hat die Papierflugzeuge ausprobiert.
Sonja erzählt davon ihren Freunden:**

1 „Gestern hat unsere Klasse einen Wettbewerb

2 mit Papierfliegern gemacht. Wir haben Papierflieger

3 nach verschiedenen Anleitungen gebastelt.

4 Ich habe meinen Flieger aus Kopierpapier gebaut.

5 Fred hat Karton verwendet. Jurek hat seinen Papierflieger

6 am schnellsten hergestellt, aber beim Wettbewerb

7 hat er nicht gewonnen. Olivia hat gesiegt."

1 Was hat die Klasse gestern gemacht?

   a. Stelle Fragen und beantworte sie.
   b. Schreibe die Antworten auf.
   c. Markiere die Verben.

➡ Die Klasse hat einen Wettbewerb mit Papierfliegern gemacht.

⟩⟩⟩ ich habe
du hast
er/sie hat
wir haben
ihr habt
sie haben

Tom erzählt von einem Wettbewerb mit Papierbooten:

1 „Am Sonntag sind Tarek und ich zu einem Rennen

2 mit Papierbooten gegangen. Die Papierboote sind

3 riesig gewesen. Menschen sind darin gefahren.

4 Zwei Gruppen sind gegeneinander angetreten.

5 Eine Gruppe ist in einem Kartonboot gerudert.

6 Sie sind als Erste im Ziel angekommen."

2 Was haben Tarek und Tom am Sonntag erlebt?

   a. Stelle Fragen und beantworte sie.
   b. Schreibe die Antworten auf.
   c. Markiere die Verben.

➡ Sie sind zu einem Papierboot-Wettbewerb gegangen.

⟩⟩⟩ ich bin
du bist
er/sie ist
wir sind
ihr seid
sie sind

3 Was hast du gestern gemacht?
Erzähle es einer Partnerin/einem Partner.

Zukünftiges ausdrücken

Sandra und Max gehen zusammen in eine Klasse.
Sie telefonieren, um sich zu verabreden.

1 Max: „Was machst du morgen?"
2 Sandra: „Ich gehe morgen nach der Schule zum Arzt.
3 Hast du übermorgen Zeit?"
4 Max: „Nein, übermorgen gehe ich gleich nach
5 der Schule ins Jugendzentrum zum Tanzkurs.
6 Treffen wir uns nächste Woche?"
7 Sandra: „Ja, gerne. Dann treffen wir uns am Montag."

 **1** a. Was macht Sandra morgen?
b. Wann treffen sich Sandra und Max?

2 Was macht ihr morgen? Was macht ihr nächste Woche?
Erzählt.

 3 Was machst du morgen? Was machst du nächste Woche?
Schreibe Sätze auf.
• Verwende die Satzschalttafel.
• Oder bilde eigene Sätze.

Ich	laufe gehe fahre	morgen übermorgen nächste Woche am Mittwoch am Wochenende	in die Schule. in die Stadt. ins Kino. zum Training.
	mache plane		einen Ausflug. eine Radtour.

> **!** Wenn wir ausdrücken wollen, was wir
> **in der nahen Zukunft** planen, benutzen wir
> **Zeitangaben** (morgen, nächste Woche) und
> Verben im **Präsens**.
>
> Ich gehe morgen zum Sport.

**Sandra trifft ihre Freundin Melanie in der Stadt.
Melanie erzählt von ihren Zukunftsplänen.**

1 „Wenn ich mit der Schule fertig bin, werde ich

2 einen Kurs beim Berufsförderzentrum machen.

3 Danach werde ich einen Ausbildungsplatz suchen.

4 Ich werde während der Ausbildung noch

5 bei meinen Eltern bleiben. Aber nach der Ausbildung

6 werde ich eine kleine Wohnung mieten.

7 Ich werde dann endlich eine Katze haben.

8 Und vielleicht wird mein Freund bei mir wohnen."

4 Was wird Melanie nach der Schule alles machen?
Nennt ihre Zukunftspläne.

>>> ich werde
du wirst
er/sie wird
wir werden
ihr werdet
sie werden

> Wenn wir ausdrücken wollen,
> was wir **in der fernen Zukunft** planen,
> benutzen wir Verben im **Futur**:
>
> Ich werde einen Ausbildungsplatz suchen.

Auch Sandra hat Zukunftspläne.

| zu meiner Tante nach München ziehen | in meiner Freizeit viel Sport machen |

| eine Ausbildung beim Gärtner machen | schöne Möbel kaufen |

| mit der Straßenbahn zur Arbeit fahren | im Urlaub meine Eltern besuchen |

 5 Was wird Sandra in der Zukunft machen?

a. Bilde Sätze. Schreibe sie auf.
b. Markiere die Verben.

 Ich werde zu meiner Tante nach München ziehen.

Satzglieder verwenden

Das Subjekt und das Prädikat

Dominik und Mara finden einen alten Kriminalroman.

1 Die Verkäuferin ruft um 8 Uhr den Kommissar an.
2 Kommissar Schmitz fährt daraufhin zum Juweliergeschäft.
3 An der Tür wartet der Juwelier. Er führt den Kommissar
4 zu einer Vitrine. Eine wertvolle Uhr fehlt. Der Juwelier
5 ruft die Putzfrau. Sie putzt morgens den Laden.

 1 ⌢Wer ruft den Kommissar an?

    a. Stelle die Fragen und beantworte sie.
    b. Schreibe die Fragen und die Antworten auf.

    c. Markiere ⌢Wer? und die Antwort.

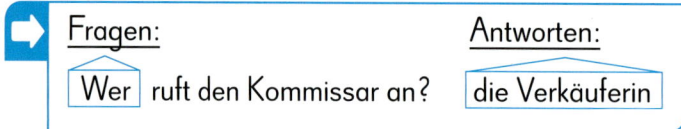

Fragen: Antworten:
⌢Wer ruft den Kommissar an?   ⌢die Verkäuferin

 2 (Was tut) die Verkäuferin?

    a. Stelle die Fragen und beantworte sie.
    b. Schreibe die Fragen und die Antworten auf.

    c. Markiere (Was tut?) und die Antwort.

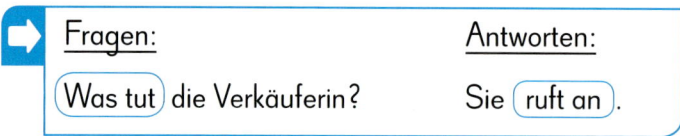

Fragen: Antworten:
(Was tut) die Verkäuferin?   Sie (ruft an).

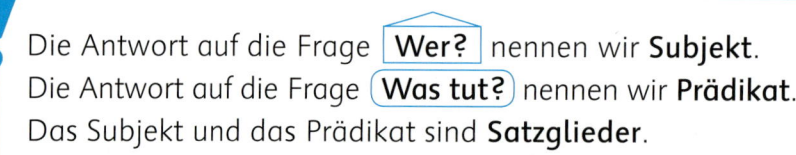

Die Antwort auf die Frage ⌢Wer? nennen wir **Subjekt**.
Die Antwort auf die Frage (Was tut?) nennen wir **Prädikat**.
Das Subjekt und das Prädikat sind **Satzglieder**.

Der Kommissar ist am Tatort angekommen.

W ✏ **3** (Was tut) der Kommissar / die Verkäuferin / die Putzfrau?

>>>

- der Kommissar
- der Juwelier
- der Assistent
- die Putzfrau
- die Verkäuferin

a. Sieh dir das Bild an.

b. Schreibe Sätze auf.
   Wähle aus:
   - Verwende die Satzschalttafel.
   - Oder bilde eigene Sätze.

Wer?	Was tut?	Wen oder was?
Der Kommissar Der Juwelier Der Assistent Er Die Putzfrau Die Verkäuferin Sie	befragt saugt versteckt notiert beschreibt untersucht	die Tasche. die Informationen. die Tür. den Juwelier. den Teppich. die Uhr.

c. Markiere das (Subjekt) und das (Prädikat).

Z ✏ **4** Was können der Kommissar, der Assistent, die Verkäuferin und die Putzfrau noch tun?

a. Schreibe Sätze auf.

b. Markiere das (Subjekt) und das (Prädikat).

Das Akkusativ-Objekt

**Dominik und Mara finden die Geschichte spannend.
Sie lesen weiter:**

6 Der Juwelier beschuldigt die Putzfrau.

7 Kommissar Schmitz verhört die Verkäuferin.

8 Dann bedient die Verkäuferin einen Kunden.

9 Die Putzfrau bringt dem Kommissar einen Kaffee.

10 Der Juwelier legt neuen Schmuck in die Vitrine.

1 | **Wen** oder **was** | beschuldigt der Juwelier?

    a. Stelle die Fragen und beantworte sie.
    b. Schreibe die Fragen und die Antworten auf.

    c. Markiere | **Wen** oder **was?** | und die Antwort
    (Akkusativ-Objekt).

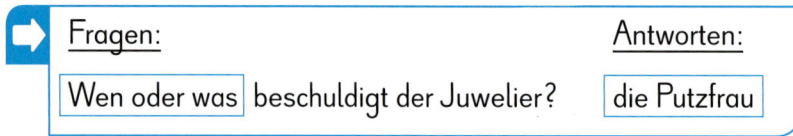

Fragen: Antworten:

| Wen oder was | beschuldigt der Juwelier? | die Putzfrau

Z **Aber jetzt ist etwas in der Geschichte durcheinander:**

11 Der Kommissar notiert sich das Büro.

12 Er untersucht seinen Assistenten.

13 Der Kommissar durchsucht die Aussagen.

14 Er ruft die Tür.

Z **2** | **Wen** oder **was** | notiert sich der Kommissar?

    a. Stellt die Fragen und beantwortet sie richtig.
    b. Schreibt die richtigen Antworten auf.

    c. Markiert die Antwort auf die Frage | **Wen** oder **was?** | .

Der Kommissar notiert sich | die Aussagen | .

Das Dativ-Objekt

**Dominik und Mara wollen unbedingt wissen,
wer die Uhr gestohlen hat. Sie lesen weiter:**

15 Die Verkäuferin antwortet dem Kommissar nicht.

16 Die Putzfrau zeigt dem Kommissar einen Fingerabdruck.

17 Der Juwelier gibt der Verkäuferin ein Taschentuch.

18 Der Juwelier zeigt dem Kommissar ein Bild der Uhr.

19 Der Kommissar misstraut der Putzfrau.

20 Die Putzfrau bringt dem Juwelier die Post.

1 | Wem | antwortet die Verkäuferin nicht?

    a. Stelle die Fragen und beantworte sie.

    b. Schreibe die Fragen und die Antworten auf.

    c. Markiere | Wem? | und die Antwort (Dativ-Objekt).

> Fragen: Antworten:
>
> | Wem | antwortet die Verkäuferin nicht? | dem Kommissar |

Am Nachmittag geht die Arbeit im Juweliergeschäft weiter:

21 Die Verkäuferin bringt ⬚ ein Paar Ohrringe.

22 Die Putzfrau erzählt ⬚ vom Diebstahl.

23 Der Kommissar berichtet ⬚ von den Aussagen.

24 Der Juwelier zeigt ⬚ eine Kette.

25 Die Kundin hört ⬚ aufmerksam zu.

>>> dem Kommissar
einer Kundin
seinem Chef
einem Kunden
dem Juwelier

2 Ergänze die Sätze mit passenden Objekten.

    a. Stelle die Fragen und beantworte sie.
       Es gibt mehrere Möglichkeiten.

    b. Schreibe die vollständigen Sätze auf.

Die adverbialen Bestimmungen der Zeit und des Ortes

**Mara tippt auf die Verkäuferin als Täterin.
Im Buch geht die Geschichte so weiter:**

26 **Am nächsten Morgen befragt der Kommissar**

27 **die Verkäuferin und die Putzfrau nach ihren Alibis**[1].

28 **„Wann haben Sie die Uhr zum letzten Mal gesehen?**

29 **Wo sind Sie gestern Abend gewesen?"**

30 **Die Putzfrau** antwortet:

31 **„Ich habe die Uhr um 19 Uhr zum letzten Mal gesehen.**

32 **Ich habe bis um 20 Uhr das Geschäft geputzt.**

33 **Dann war ich mit meinem Mann im Kino."**

34 **Die Verkäuferin** antwortet:

35 **„Ich habe die Uhr am Mittag zum letzten Mal**

36 **in der Vitrine gesehen.**

37 **Ich bin um 19.30 Uhr nach Hause gegangen.**

38 **Dann habe ich bis Mitternacht gelesen."**

[1] **Alibi:** die Abwesenheit vom Tatort zur Tatzeit

 1 Wann hat die Putzfrau die Uhr zum letzten Mal gesehen?

    a. Stelle die Fragen und beantwortet sie.
    b. Schreibe die Fragen und die Antworten auf.
    c. Markiere Wann? und die Antwort.

Fragen:	Antworten:
Wann hat die Putzfrau die Uhr zum letzten Mal gesehen?	um 19 Uhr

 2 Wo war die Putzfrau zur Tatzeit?

    a. Stelle die Fragen und beantworte sie.
    b. Schreibe die Fragen und die Antworten auf.
    c. Markiere Wo oder wohin? und die Antwort.

Der Kommissar befragt auch den Juwelier:

39 Der **Juwelier** antwortet:

40 „Ich habe die Uhr zum letzten Mal am Nachmittag

41 in der Vitrine gesehen. Ich habe das Geschäft

42 um 18 Uhr verlassen. Am Abend war ich

43 mit meinem Sohn auf dem Fußballplatz."

3 Wann hat der Juwelier die Uhr zum letzten Mal gesehen?
Wo war der Juwelier zur Tatzeit?

    a. Stelle die Fragen und beantworte sie.
    b. Schreibe die Fragen und die Antworten auf.
    c. Markiere Wann? und Wo? und die Antwort.

Der Kommissar hat lange über den Fall nachgedacht.
Er hat die Lösung gefunden. Er erzählt seinem Assistenten,
was passiert ist:

44 „Der Juwelier geht um 18 Uhr nach Hause.

45 Um 19 Uhr kommt die Putzfrau.

46 Es sind viele Kunden im Laden.

47 Die Putzfrau putzt zuerst das Büro.

48 Die Verkäuferin zeigt einem Kunden einen Ring

49 aus der Vitrine.

50 Dann nimmt sie auch die Uhr aus der Vitrine.

51 Sie steckt die Uhr in ihre Handtasche.

52 Um 19.30 Uhr geht die Verkäuferin nach Hause.

53 Sie schenkt die Uhr ihrem Verlobten."

4 Wer tut was? Wann ist wer wo? Wem schenkt wer was?

    a. Stelle die Fragen und beantworte sie.
    b. Schreibe die Fragen und die Antworten auf.
    c. Markiere die Satzglieder.

Satzreihen und Satzgefüge verwenden

Der Hauptsatz

 Viola und Nala sind am Morgen in der Schule.

1 Die Mädchen sitzen in der Klasse.
2 Sie rechnen schwere Aufgaben in Mathe.
3 Sie schreiben einen Test in Biologie.
4 Viola redet in der Pause mit Dirk.
5 Nala backt im Hauswirtschaftsunterricht eine Pizza.

 1 a. Lies die Sätze.
b. Schreibe die Sätze ab.

c. Markiere das ⌐Subjekt⌐ und das (Prädikat).

➡ Die Mädchen (sitzen) in der Klasse.

❗ Ein **Hauptsatz** besteht mindestens aus einem **Subjekt** und einem **Prädikat**. Er kann noch weitere Satzglieder enthalten, z. B. ein Objekt.

W 🖉 **2** Was tun Viola und Nala noch?

a. Bilde Hauptsätze. Schreibe sie auf.
Wähle aus:
• Verwende die Satzschalttafel.
• Oder bilde eigene Sätze.

Viola und Nala Sie Die Mädchen	sitzen fahren	nebeneinander. immer zusammen. zur Schule.
	kennen sich streiten sich	schon lange. nur selten.

b. Markiere das ⌐Subjekt⌐ und das (Prädikat).

Hauptsätze verbinden

 Viola und Nala wollen sich am Nachmittag treffen.

1 Viola: „Wir können mit dem Hund spazieren gehen und
2   wir gehen ein Eis essen. Dann hören wir Musik und
3   wir lesen Zeitschriften."
4 Nala: „Ich weiß nicht. Vielleicht gehen wir ins Kino oder
5   wir besuchen den Jugendclub. Später können wir ins
6   Schwimmbad gehen oder wir gehen Kleider einkaufen."

 1 Wer von beiden will mit dem Hund spazieren gehen?
Wer ist noch nicht sicher?

> Mit **und/oder** können wir **Sätze verbinden**.
> Wir nennen sie Bindewörter (Konjunktionen).
>
> Wenn beide Sätze gelten, verbinden wir mit **und**.
> Gilt nur einer der Sätze, verbinden wir mit **oder**.

Die beiden Mädchen sind sich nicht einig.
Nala macht weitere Vorschläge.

 2 a. Lies die Sätze.
b. Verbinde jeweils 2 Sätze. Verbinde mit **und** oder **oder**.
c. Schreibe die Sätze auf.

Wir gehen in die Eishalle. Wir hören Musik.

Wir gehen zur Skatebahn. Wir schauen den Jungs beim Skaten zu.

Wir lernen für den Test in Geschichte. Wir treffen uns mit Lena.

Wir spielen am Computer. Wir backen einen Kuchen.

 3 Lest euch eure Sätze vor.
• Was gilt, wenn die Sätze mit **und** verbunden sind?
• Was gilt, wenn die Sätze mit **oder** verbunden sind?

Nebensätze mit weil, wenn

📖 **Viola und Nala entscheiden sich, was sie am Nachmittag machen wollen.**

1 Viola: „Ich will zum Slacken[1] in den Park."

2 Nala: „Du willst zum Slacken?"

3 Viola: „Ja, ich will zum Slacken, weil es viel Spaß macht."

4 Nala: „Ich will zum Slacken, wenn es nicht zu teuer ist."

[1] Beim Slacken wird ein Band zwischen zwei Bäume gespannt. Darauf kann man balancieren.

1 Vergleicht die Aussagen von Viola und Nala.
- Wer will sicher zum Slacken?
- Wer will vielleicht zum Slacken?

> ❗ Mit **weil** können wir etwas **begründen**.
> Mit **wenn** können wir eine **Bedingung nennen**.
> Vor weil/wenn steht ein Komma.

✏ **2** Viola erzählt noch mehr über das Slacken.

a. Welche Sätze passen zusammen? Schreibe sie auf.
b. Markiere die Kommas mit einem Pfeil.
c. Kreise **weil** ein.

Man muss sich konzentrieren,	weil	viele im Park slacken.
Man lernt schnell viele Jugendliche kennen,	weil	das Band sehr nah am Boden ist.
Das Herunterfallen ist nicht so schlimm,	weil	sich das Band ständig bewegt.
Slacken kann nicht jeder,	weil	es die Sportart noch nicht lange gibt.

➡ Man muss sich konzentrieren, (weil) …

✏ **3** a. Was machst du gerne am Nachmittag?
Welche Begründung hast du dafür? Schreibe auf.
b. Markiere die Kommas mit einem Pfeil.
c. Kreise **weil** ein.

280

Beim Slacken musst du einige Dinge beachten.

4 a. Schreibe die Tipps und eine passende Bedingung auf.
   b. Markiere die Kommas mit einem Pfeil.
   c. Kreise **wenn** ein.

Du lernst Slacken leichter,	wenn	du das Seil auf Kniehöhe anbringst.
Du findest besser Stand,	wenn	du mit dem kürzeren Band beginnst.
Du verletzt dich nicht,	wenn	du gut bist.
Du kannst bei Wettkämpfen mitmachen,	wenn	du in der Mitte auf das Band steigst.

 Du lernst Slacken leichter, (wenn) du
mit dem kürzeren Band beginnst.

5 Unter welcher Bedingung kannst du deine
Lieblingsbeschäftigung nachmittags machen?
Schreibe deine Beschäftigung und die Bedingung auf.
Denke an das Komma.

 Ich kann am Nachmittag Fußball spielen,
wenn ich meine Hausaufgaben gemacht habe.

Weil oder wenn?

6 Bilde Sätze. Es gibt verschiedene Möglichkeiten.

Viola geht gern slacken,		sie dabei andere Jugendliche kennen lernt.
Nala geht slacken,	weil	das Wetter gut und die Wiese trocken ist.
Viola mag nicht slacken,	wenn	sie das Gleichgewicht verliert und hinfällt.
Nala findet Slacken gut,		sie die ganze Strecke ohne Hinfallen schafft.

Wissenswertes auf einen Blick

Ein Gedicht ist oft ein kurzer Text.
Gedichte können sich reimen.

→ Gedichte lesen und untersuchen kannst du auf Seite 134–137

- In Gedichten nennt man die Zeilen **Verse**.
- In manchen Gedichten gibt es Abschnitte.
  Sie heißen **Strophen**.
- Wenn zwei Wörter ähnlich klingen, nennen wir das **Reim**.

Es gibt verschiedene **Reimformen**:

der **Paarreim**		der **Kreuzreim**	
fliegen	a	Straße	c
wiegen	a	Rock	d
auch	b	Nase	c
Strauch	b	Stock	d

Eine Ballade ist ein besonderes Gedicht.

→ Balladen lesen und untersuchen kannst du auf Seite 140–153

- Eine Ballade besteht meist aus mehreren **Strophen**.
- Balladen **reimen sich** häufig.
- In Balladen gibt es oft **wörtliche Rede**.
- Eine Ballade **erzählt** eine Geschichte.
- Es geht oft um ein **dramatisches Geschehen**.

Eine Detektivgeschichte gehört
zu den Kriminalgeschichten oder Kriminalromanen.

→ Detektivgeschichten lesen und untersuchen kannst du auf Seite 166–173

- Eine Detektivgeschichte erzählt, wie ein **Verbrechen** stattfindet und wie es **aufgeklärt** wird.
- Es kommen **Detektive** oder **Kommissare** vor.
- Der Detektiv oder Kommissar untersucht die **Tat**, klärt die **Vorgeschichte** des **Opfers**, verfolgt **Spuren und Hinweise**, befragt **Zeugen**, ermittelt **Verdächtige** und **löst den Fall**.

Jugendbücher sind hauptsächlich für Jugendliche geschrieben.

→ Jugendbücher lesen und untersuchen kannst du auf Seite 186–195

- In den Jugendbüchern geht es häufig um Themen wie Erwachsenwerden, Freizeit, Freundschaft, Familie und Schule.
- Die **Hauptpersonen** sind meist **Jugendliche**.

Einen ersten Eindruck von einem Buch bekommst du durch das Cover, den Klappentext und einen Buchausschnitt.

→ Ein Buch auswählen kannst du auf Seite 195

⚙ Arbeitstechnik

Ein Buch auswählen

- Worüber informiert das **Buchcover**? Schreibe auf:
  - den Buchtitel
  - den Namen vom Autor
- Was erzählt der **Klappentext**? Schreibe kurz auf.
- Was erfährst du in einem **Buchausschnitt**? Schreibe auf:
  - Wer ist die Hauptperson?
  - Wo und wann spielt die Geschichte?
- Welche **Textstelle** gefällt dir besonders? Schreibe auf. Begründe deine Auswahl.
- Möchtest du das Buch gern lesen? Begründe.

Du kannst ein Gedicht ausdrucksvoll vortragen.

→ Ausdrucksvoll vortragen übst du auf Seite 135, 143

⚙ Arbeitstechnik

Ausdrucksvoll vortragen

Ich probiere beim Vortragen verschiedene Möglichkeiten aus:
- Ich **betone wichtige Wörter**.
- Ich lese **mal langsam** und **mal schnell**.
- Ich lese **mal laut** und **mal leise**.
- Ich mache **Pausen**.

Der Textknacker hilft mir, Texte zu lesen und zu verstehen.

→ Den Textknacker findest du auf Seite 16–17, 34–37, 40, 41, 52, 54, 74, 95, 96, 106–108, 141–142, 144–145, 156–163, 168–171, 172–173, 188–191, 194–195, 200–201, 207

1. Schritt: Vor dem Lesen
Bilder helfen mir, den Text besser zu verstehen.
Die **Überschrift** sagt mir etwas über den Text.

- Ich sehe mir die Bilder an.
- Ich lese die Überschrift.
- Worum könnte es in dem Text gehen?

2. Schritt: Das erste Lesen
Ein Text hat **Absätze**.
Was in einem Absatz steht, gehört zusammen.
Die **Schlüsselwörter** im Text sind besonders wichtig.
Einige **Wörter** werden unter dem Text **erklärt**.

- Ich zähle die Absätze.
- Ich lese die hervorgehobenen Schlüsselwörter.
- Ich lese die Worterklärungen.
- Was weiß ich jetzt?

3. Schritt: Den Text genau lesen
Erst **der ganze Text** sagt mir, worum es geht.

- Ich lese den ganzen Text – Absatz für Absatz.
- Was habe ich erfahren?

4. Schritt: Nach dem Lesen
Ich habe den ganzen Text gelesen.
Jetzt kann ich etwas aufschreiben.

- Ich schreibe zu jedem Absatz etwas auf.
  Ich schreibe die wesentlichen Informationen auf.
- Ich schreibe auf, was für mich wichtig ist.

**Der Aufgabenknacker hilft mir,
eine Aufgabe zu verstehen und zu bearbeiten.**

→ Den Aufgabenknacker
findest du auf Seite
198–199

1. Schritt: Genau lesen

- Ich lese die Aufgabe genau.
  Ich achte besonders auf das Verb (Tunwort).
- Ich überlege, **was** ich **tun** soll.

2. Schritt: Überlegen, was zur Lösung gehört

- Ich überlege, **was genau** ich tun soll.
- Ich überlege, **wie** ich es tun soll.

3. Schritt: Mit eigenen Worten wiedergeben

- Ich übersetze die Aufgabe mit meinen Worten.

Diese Verben sagen mir, was ich tun soll:

Nenne	Ich soll etwas aufzählen.
Vergleiche	Ich soll Gemeinsamkeiten und Unterschiede finden.
Beschreibe	Ich soll wiedergeben, wie etwas aussieht oder funktioniert.
Begründe	Ich soll Gründe nennen, warum etwas so ist.

**Ein Diagramm kann zusätzliche Informationen
zu Sachtexten enthalten.**

→ Ein Diagramm lesen kannst
du auf Seite 46–47,
200–201

⚙ Arbeitstechnik

Ein Diagramm lesen

- Ich **lese die Überschrift**. Sie nennt mir das Thema.
- Ich lese **die Erklärungen**, z. B. die Beschriftung der Achsen.
- Ich **sehe** mir das Diagramm **genauer an**.
- Beim **Säulendiagramm** gilt:
  - Je höher eine Säule ist, umso größer ist die Menge.
  - Die Zahl bei jeder Säule gibt an, wie groß die Menge ist.
- Beim **Kreisdiagramm** gilt:
  - Der Kreis hat farbige Teile.
  - Je größer ein Teil ist, umso größer ist die Menge.

Beim Schreiben von Texten helfen mir die Schritte 1–3 vom Schreibprofi.

→ Mit dem Schreibprofi schreiben kannst du auf Seite 40, 58, 59, 219

1. Schritt: Vor dem Schreiben
Ich **überlege**.

- **Für wen** will ich schreiben?
  - Schreibe ich für mich?
    oder
  - Schreibe ich für andere?
  Wer liest, was ich geschrieben habe?
- **Was** will ich schreiben?

2. Schritt: Beim Schreiben
Nun **schreibe** ich.

- Ich schreibe Wörter oder Sätze auf.
- Ich kann Hilfen benutzen, zum Beispiel ein Wörterbuch für die Rechtschreibung.

3. Schritt: Nach dem Schreiben
Ich **prüfe**.
Ich **überarbeite**.

Ich prüfe.
- Kann ich meine Wörter oder meine Sätze lesen und verstehen?
- Kann ein anderer aus der Klasse meine Wörter oder meine Sätze lesen und verstehen?
Ich überarbeite.

In einem Cluster kann ich Ideen zu einem Thema sammeln. → Einen Cluster zeichnen kannst du auf Seite 106, 113, 258, 259

> ⚙ **Arbeitstechnik**
>
> **Der Cluster**
>
> - Ich nehme ein **Blatt** Papier.
> - Ich schreibe in die Mitte das **Thema**.
>   Ich **kreise** das Thema **ein**.
> - Ich schreibe meine **Ideen** zum Thema rundherum.
>   Ich **kreise** jede Idee **ein**.
> - Ich **verbinde** die Ideen **durch einen Strich** mit dem Thema
>   in der Mitte.

In einer Mindmap kann ich Informationen zu einem Thema sammeln und ordnen. → Eine Mindmap zeichnen kannst du auf Seite 18, 204–205

> ⚙ **Arbeitstechnik**
>
> **Die Mindmap**
>
> - Ich nehme ein **Blatt** Papier.
> - Ich schreibe in die Mitte das **Thema**.
> - Ich **kreise** das Thema **ein**.
> - Ich **schreibe wichtige Wörter** um das Thema **herum**.
> - Ich **schreibe** zu den wichtigen Wörtern **weitere Informationen**.
> - Ich **verbinde** das **Thema mit** den **wichtigen Wörtern**.
> - Ich **verbinde** die **wichtigen Wörter mit** den **weiteren**
>   **Informationen**.

Ich kann die Inhalte von Texten zusammenfassen. → Eine Inhaltsangabe schreiben kannst du auf Seite 152–153

> ⚙ **Arbeitstechnik**
>
> **Eine Inhaltsangabe schreiben**
>
> - In der **Einleitung** schreibe ich den **Titel**, die **Textart**,
>   den **Autor** und **worum es** in dem Text **geht**.
> - Im **Hauptteil** fasse ich den Inhalt zusammen. Ich schreibe,
>   **wann** und **wo** die Handlung spielt, **wer** die Hauptperson ist
>   und welche Personen noch vorkommen, **was** die Personen
>   **tun** und warum, **was** die Personen **denken und fühlen**.
> - Im **Schluss** begründe ich, was mir **gefallen** hat und
>   welche **Fragen** ich an den Text habe.

**In einer Schreibkonferenz überarbeitet ihr gemeinsam
eure eigenen Texte.**

→ Eine Schreibkonferenz
durchführen könnt ihr auf
Seite 210–211

⚙ Arbeitstechnik

Eine Schreibkonferenz durchführen

- Einer **liest** seinen **Text vor**. Die anderen **hören** genau **zu**.
  - Was **gefällt** euch **gut**?
  - Was habt ihr **nicht verstanden**?
- **Überarbeitet** gemeinsam den Text, bis er euch gefällt.
  Überarbeitet zum Beispiel:
  - die **Satzanfänge**,
  - die **Verben** (Tunwörter),
  - die **Adjektive** (Wiewörter).
- **Überprüft**, ob alles **richtig geschrieben** ist.
- Schreibt zum Schluss den überarbeiteten Text ordentlich auf.

**Ich kann wichtige Informationen oder
einen längeren Text in Stichworten zusammenfassen.**

→ Stichworte aufschreiben
kannst du auf Seite 39, 41,
58, 59, 68, 87, 95, 96, 98,
100, 108, 114–116, 152,
167, 168–170, 180, 190,
191, 207, 219, 224

⚙ Arbeitstechnik

Stichworte aufschreiben

Ich schreibe pro Stichwort nur wenige Wörter auf.
- Ich überlege, was **die wichtigen Informationen** sind.
  Dabei helfen mir die Fragen: Wo? Was? Wie?
- Ich schreibe zu den wichtigen Informationen
  Wörter und **Wortgruppen** auf.

**In einer Tabelle kann ich Informationen geordnet
aufschreiben.**

→ Eine Tabelle zeichnen
kannst du auf Seite 47, 72,
75, 124, 143, 201, 228,
232, 256, 257

⚙ Arbeitstechnik

Eine Tabelle zeichnen

- Ich brauche ein kariertes **Blatt**, einen **Bleistift** und ein **Lineal**.
- Ich lege das Blatt mit der langen Seite vor mich hin.
- Ich zeichne eine lange Linie. Das ist die **Zeile**.
- Nun teile ich die Linie in gleich große Teile.
  Das sind die **Spalten**.
- In jede Spalte schreibe ich eine Überschrift.

Ich kann beschreiben, wie eine Person aussieht und wie sie auf mich wirkt.

→ Eine Person beschreiben kannst du auf Seite 53, 68–69, 154, 164

⚙ Arbeitstechnik

Eine Person beschreiben

Beschreibe eine Person mit Hilfe der folgenden Fragen:
- **Wie** sieht die Person **insgesamt** aus?
- **Wie** sieht das **Gesicht** aus?
- **Wie** sehen die **Haare** aus?
- **Wie** sieht die **Kleidung** aus?
- **Was fällt** dir an der Person **besonders auf**?
- **Wie wirkt** die Person auf dich?

Mit einem Steckbrief kann ich andere kurz und übersichtlich informieren.

→ Einen Steckbrief schreiben kannst du auf Seite 87

⚙ Arbeitstechnik

Einen Steckbrief planen, schreiben, überarbeiten

- Ich **sammle Informationen**.
- Ich **ordne** die Informationen den Kategorien zu.
- Ich schreibe **Stichworte** auf.
- Ich **überprüfe**:
  Sind die Informationen **vollständig** und **verständlich**?
- Ich **überarbeite**. Ich schreibe den Steckbrief ab.
- Ich **gestalte** den Steckbrief, z. B. mit einem Foto.

In einer Anleitung beschreibe ich, wie ich etwas mache.

→ Eine Anleitung schreiben kannst du auf Seite 98–99, 268

⚙ Arbeitstechnik

Eine Anleitung schreiben

- Zuerst **nenne** ich das benötigte **Material**.
- Dann **beschreibe** ich die einzelnen **Arbeitsschritte** genau.
  - Ich beschreibe so, dass auch andere die Arbeitsschritte verstehen und ausführen können.
  - Ich achte auf die richtige Reihenfolge.

Wenn wir miteinander diskutieren, achten wir auf bestimmte Regeln.

→ Miteinander diskutieren könnt ihr auf Seite 18–19, 22, 26–27

⚙ Arbeitstechnik

Miteinander diskutieren

- Wir lassen uns ausreden.
- Wir hören uns gegenseitig zu.
- Wir beleidigen uns nicht.
- Wir lachen uns nicht aus.
- Wir sprechen nur zum Thema.
- Wir sprechen klar und deutlich
- Wir sehen die anderen beim Sprechen an.
- Wir legen eine Sitzordnung fest.
- Wir wählen eine Diskussionsleiterin/einen Diskussionsleiter.
- Wir sagen unsere Meinung sachlich.
- Wir begründen unsere Meinung mit Argumenten.
- Wir veranschaulichen unsere Argumente mit Beispielen.

Ich kann zu einem Thema Stellung nehmen.

→ Stellung nehmen kannst du auf Seite 119, 120, 128–129

⚙ Arbeitstechnik

Stellung nehmen

- Ich **nenne** zuerst das **Thema**.
- Ich **schreibe** dann **meine Meinung** auf.
- Ich **finde** für meine Meinung **passende Gründe** (Argumente): Gründe dafür oder Gründe dagegen.
- Ich **schreibe** die Gründe zu meiner Meinung. Ich verknüpfe die Sätze mit **weil** oder **da**.
- Danach **veranschauliche** ich meine Gründe **mit Beispielen**. Ich verknüpfe die Sätze mit **zum Beispiel, beispielsweise**.

Damit Gruppenarbeit gelingt, halten alle Regeln ein.

→ Regeln für die Gruppenarbeit brauchst du auf Seite 56–57, 89, 113, 181–183

⚙ **Arbeitstechnik**

Regeln für die Gruppenarbeit

- **Jeder** erhält **eine Aufgabe**.
- Alle arbeiten **gemeinsam**.
- Jeder arbeitet **mit jedem** zusammen.
- **Keiner lenkt** die Gruppe **ab**.
- **Keiner meckert** über die Aufgabe.
- Einer **leitet** die Gruppe,
  einer **schreibt**,
  einer **misst die Zeit**,
  einer **schlägt** im Wörterbuch **nach** und
  einer **trägt** das Ergebnis **vor**.

Ihr könnt zusammen ein Standbild bauen.

→ Ein Standbild bauen könnt ihr auf Seite 15, 145

⚙ **Arbeitstechnik**

Ein Standbild bauen

- Entscheidet, **wer welche Person** darstellt.
  Das sind die Darstellerinnen und Darsteller.
- **Achtet auf die Körperhaltung** (Gestik) und
  den **Gesichtsausdruck** (Mimik).
- Die **Darstellerinnen** und **Darsteller** stellen sich
  unbeweglich auf. Niemand spricht.
- Die **anderen beraten** und **korrigieren**.

**In einem Kurzvortrag kann ich andere
über ein Thema informieren.**

→ Einen Kurzvortrag
vorbereiten kannst du auf
Seite 81, 88–89, 106–109

⚙ Arbeitstechnik

Einen Kurzvortrag vorbereiten, üben, halten

- Ich **wähle ein Thema aus**.
- Ich **sammle Informationen** zu dem Thema.
- Ich **schreibe Stichworte** auf Karteikarten.
- Ich **nummeriere die Karteikarten**
  in der richtigen Reihenfolge.
- Ich **markiere wichtige Wörter** farbig.
- Was sage ich am Anfang? Was sage ich zum Schluss?
  Ich schreibe auf Karteikarten.
- Ich **übe meinen Kurzvortrag**.

**Beim Kurzvortrag sprechen wir zu den Zuhörern.
Deshalb ist es wichtig, wie wir sprechen.**

→ Frei vortragen übst du auf
Seite 89, 109

⚙ Arbeitstechnik

Frei vortragen

- **Ich stelle mich** so hin, dass **alle mich sehen** können.
- Ich versuche, **frei** zu **sprechen** und wenig abzulesen.
- Ich spreche **langsam** und **deutlich**.
- Ich spreche **in Sätzen**.
- **Ich sehe** beim Sprechen **die Zuhörer an**.
- **Ich zeige** an passenden Stellen **Bilder** und **Materialien**.

Wenn wir andere über etwas informieren wollen, können wir ein Plakat oder eine Folie gestalten.

→ Ein Plakat oder eine Folie gestalten könnt ihr auf Seite 27, 38, 40, 57, 88, 108, 227

⚙ **Arbeitstechnik**

Ein Plakat oder eine Folie gestalten

- Wir **entscheiden, was wir präsentieren** wollen: Welche Informationen (groß und lesbar) und welche Bilder?
- Wir **wählen ein Format** aus: Hochformat oder Querformat?
- Wir **überlegen, wie das Plakat oder die Folie aussehen soll**:
  – Wo steht die Überschrift?
  – Wie viel Platz brauchen wir für die Informationen?
  – Wohin kommen die Bilder?
- Wenn unsere **Anordnung übersichtlich** ist, **gestalten** wir das Plakat oder die Folie.
- Zum Schluss **schreiben** wir **die Überschrift** auf.

Wenn wir andere über etwas informieren wollen, können wir ein Plakat oder eine Folie präsentieren.

→ Ein Plakat oder eine Folie präsentieren könnt ihr auf Seite 39

⚙ **Arbeitstechnik**

Ein Plakat oder eine Folie präsentieren

- **Ich stelle mich** so hin, dass ich das **Plakat** oder die **Folie nicht verdecke**.
- Ich versuche, **frei zu sprechen**.
- Ich spreche **langsam** und **deutlich**.
- Ich **erkläre** mein **Plakat** oder meine **Folie**.
- Ich **zeige** an passenden Stellen **auf das Plakat** oder **auf die Folie**.
- Ich **beantworte Fragen** aus der Klasse.

**Mit dem Warm-up könnt ihr euch
für das Theaterspielen aufwärmen.**

→ Regeln für das Warm-up
findest du auf Seite
176–177

⚙ Arbeitstechnik

Regeln für das Warm-up

- Alle Schülerinnen und Schüler machen bei den Übungen mit.
- Niemand darf ausgelacht werden.
- Alle befolgen die Anleitungen des Spielleiters.
- Jeder konzentriert sich während der Übungen auf sich.

**Beim szenischen Lesen könnt ihr euch besser
in die Figuren einfühlen.**

→ Szenisch lesen kannst du
auf Seite 181, 182

⚙ Arbeitstechnik

Szenisch lesen

- **Lest** die Szene **mit verteilten Rollen**.
- Lest **ausdrucksvoll** und beachtet die **Regieanweisungen**.
- Sprecht und **bewegt** euch **wie die Personen** in der Szene.
- Probiert verschiedene **Körperhaltungen** (Gestik) und
  Gesichtsausdrücke (Mimik) aus.

Ihr könnt eine Szene vor anderen spielen.

→ Eine Szene spielen könnt ihr
auf Seite 15, 145, 183

⚙ Arbeitstechnik

Eine Szene spielen

- Legt fest, welche Figuren es gibt. **Verteilt** die **Rollen**.
- Schreibt den **Text** für jede Rolle auf eine **Rollenkarte**.
- **Markiert** Wörter, die ihr **besonders betonen** möchtet.
- Schreibt Angaben zur Körperhaltung (Gestik)
  und zum Gesichtsausdruck (Mimik) auf.
- Lernt euren **Text auswendig**.
- **Übt gemeinsam**, die Szene zu spielen.
- **Besprecht**, was ihr vielleicht verändern wollt.

Die Wortprofis

So schreibe ich Wörter ab.

So schreibe ich **Mitsprechwörter** ab.

→ Mitsprechwörter abschreiben kannst du auf Seite 230, 245, 246

1. Ich lese das Wort.

2. Ich spreche das Wort Silbe für Silbe.

3. Ich höre , wie ich das Wort schreiben muss.

4. Ich decke das Mitsprechwort zu.

5. Ich spreche das Wort Silbe für Silbe und schreibe dabei.

6. Ich spreche das Wort und male einen Bogen unter jede Silbe.

7. Ich vergleiche.

8. Ich verbessere.

So schreibe ich **Nachdenkwörter** ab.

→ Nachdenkwörter abschreiben kannst du auf Seite 230, 245, 247

1. Ich lese das Wort **Kind**.

2. Ich spreche das Wort Silbe für Silbe.

3. Ich denke nach und erkläre, wie ich das Wort schreiben muss.
   – Ich verlängere das Wort.
   – Ich suche ein verwandtes Wort.

4. Ich decke das Nachdenkwort zu.

5. Ich spreche das Wort Silbe für Silbe und schreibe dabei.

6. Ich schreibe in Klammern die Erklärung:
   das Kind (→ die Kinder), die Bäume (→ der Baum)

7. Ich vergleiche.

8. Ich verbessere.

So schreibe ich **Merkwörter** ab.

➜ Merkwörter abschreiben kannst du auf Seite 234, 245, 248

1. Ich lese das Wort **Zahn**.

2. Ich spreche das Wort Silbe für Silbe.

3. Ich merke mir ,
wie ich das Wort schreiben muss.

4. Ich decke das **Merkwort** zu.

5. Ich spreche das Wort
Silbe für Silbe und schreibe dabei.

6. Ich kreise die **Merkstelle** im Wort ein:
der Za(h)n

7. Ich vergleiche.

8. Ich verbessere.

Der Satzprofi

So schreibe ich **Sätze** ab.

➜ Sätze abschreiben kannst du auf Seite 104, 124, 224, 229, 231, 233, 235, 237

1. **Ich lese** den ersten Satz.

2. **Ich merke mir** die Wörter
bis zum Strich genau.

3. Ich decke die Wörter ab.

4. **Ich schreibe** die Wörter auf.

5. **Ich vergleiche**.
Ich streiche Fehlerwörter durch.

6. Ich schreibe die Wörter
richtig über die Fehlerwörter.

7. Ich schreibe Teil für Teil so ab.

**Mit Wörterreihen kannst du üben,
Wörter richtig zu schreiben.**

➜ Mit Wörterreihen üben
kannst du auf Seite 229

⚙ Arbeitstechnik

So schreibe ich eine Wörterreihe auf:

- **Ich lese** die Wörterreihe.
- **Ich wiederhole** die Wörterreihe **im Kopf**.
- Ich decke die Wörterreihe zu.
- **Ich schreibe** die Wörterreihe auswendig auf.
- **Ich vergleiche.**
- **Ich verbessere.**

Buchstaben und Laute

→ Übungen zu Buchstaben und Lauten findest du auf Seite 230, 246–248

A, e, i, o, u bringen Wörter zum **Klingen**.
A, e, i, o, u heißen **Vokale (Selbstlaute)**.
Die meisten anderen heißen **Konsonanten (Mitlaute)**.

Manchmal sind **zwei Vokale** verbunden.
Auch **verbundene Vokale (Zwielaute)**
bringen Wörter zum Klingen: ei au eu

Auch **Ä, ä, Ö, ö, Ü, ü** sind Vokale. Wir nennen sie **Umlaute**.

Nach einem **langen Vokal** steht meist
nur **ein Konsonant**: der Bruder.
Nach einem **kurzen Vokal** stehen **zwei** oder
mehr Konsonanten: die Lust.

Stehen nach einem **kurzen Vokal** zwei **gleiche Konsonanten**,
nennen wir sie **Doppelkonsonanten**: toll.

Buchstabe – Silbe – Wort

Wörter bestehen aus einzelnen **Buchstaben**: e, k, r.

Wenn wir Wörter klatschen, hören wir **Silben**.
Manche **Wörter** bestehen nur **aus einer Silbe**: wir.
Viele Wörter bestehen **aus mehreren Silben**: Schule.

Aus Wörtern können wir **Sätze bilden**.
Es gibt **kurze** Sätze: Komm!
Und es gibt **lange** Sätze: Wir gehen in die Schule.

302

Großschreibung

→ Übungen zur Großschreibung findest du auf Seite 236, 249

> Einige Wörter schreiben wir **immer groß**.
> Wir nennen sie **Nomen (Namenwörter)**:
> der Baum, das Kind, die Zeit.

> Am **Satzanfang** schreiben wir **immer groß**.
> Nach einem Punkt, Fragezeichen oder
> Ausrufezeichen schreiben wir immer groß.

> **Aus Verben** können **Nomen** werden.
> Die Wörter **das**, **beim** und **zum** machen es!
> das Aufbrechen – beim Aufbrechen – zum Aufbrechen

Zeichensetzung

→ Übungen zur Zeichensetzung findest du auf Seite 231

> Am Ende von einem **Aussagesatz** steht ein **Punkt**:
> Der Mann geht mit seinem Hund spazieren.
>
> Am Ende von einem **Fragesatz** steht ein **Fragezeichen**:
> Was sagt der Mann?
>
> Am Ende von einem **Aufforderungssatz** oder
> von einem **Ausrufesatz** steht meistens ein **Ausrufezeichen**:
> Sitz!

> Die Teile einer Aufzählung werden durch Komma getrennt.
> Vor **und** und **oder** steht kein Komma.
> Das Wasser ist nass, kalt und schmutzig.
> Wir können gemeinsam slacken, schwimmen und tanzen.

Wortart: Nomen

➜ Übungen zu Nomen (Namenwörtern) findest du auf Seite 228–229, 261

Nomen (Namenwörter) schreiben wir immer **groß**.
Zu den Nomen gehört meist ein **Artikel (Begleiter)**:
der, das, die.

Nomen bezeichnen **Lebewesen** (Menschen, Tiere, Pflanzen) und **Gegenstände**:
die Frau, der Esel, die Blume, das Bett.

Nomen bezeichnen auch **gedachte Dinge**:
die Zeit, das Leben, der Tag.

Nomen können in der **Einzahl** (Singular) und in der **Mehrzahl** (Plural) stehen:
das Wort – die Wörter.

Zusammengesetzte Nomen haben immer den Artikel (Begleiter) vom **zweiten** Nomen:
der Vogel + das Nest = das Vogelnest.

Wörter mit **-ung**, **-heit** und **-nis** sind Nomen.
Nomen schreiben wir immer **groß**.

Wortart: Verben

→ Übungen zu Verben (Tunwörtern) findest du auf Seite 65, 229, 261, 268–271

! Manche Wörter sagen, was wir **tun**.
Diese Wörter nennen wir **Verben (Tunwörter)**: lesen.

! Wenn wir **über Vergangenes mündlich erzählen**,
benutzen wir Verben im **Perfekt**: er ist gekommen.

! Wenn wir **über Vergangenes schreiben**,
benutzen wir Verben im **Präteritum**: er machte.

! Wenn wir ausdrücken wollen, was wir
in der nahen Zukunft planen, benutzen wir
Zeitangaben (morgen, nächste Woche) und
Verben im **Präsens**:

Ich gehe morgen zum Sport.

! Wenn wir ausdrücken wollen, was wir
in der fernen Zukunft planen, benutzen wir
Verben im **Futur**:

Ich werde einen Ausbildungsplatz suchen.

Wortart: Adjektive

→ Übungen zu Adjektiven (Wiewörtern) findest du auf Seite 232–233, 260

Adjektive (Wiewörter) sagen, wie etwas ist:
groß – größer als ... – am größten.

Adjektive beschreiben Nomen genauer.
Sie können zwischen Artikel und Nomen stehen:
ein großer Salat, ein kleines Ei, eine rote Paprika.

Wortart: Personalpronomen

→ Übungen zu Personalpronomen findest du auf Seite 62

Die Wörter ich, du, er/es/sie, wir, ihr, sie
sind Personalpronomen.
Sie stehen für bestimmte Personen oder Gegenstände:

der Käse – er   Paul – er
das Brot – es   die Mutter – sie
die Tomate – sie

Wortart: Präpositionen

→ Übungen zu Präpositionen findest du auf Seite 262–263

Mit Präpositionen kannst du ausdrücken,
wo etwas ist oder wohin etwas kommt:

Wo? Die Muschel liegt auf dem Kies.
Wohin? Tobi legt die Muschel auf den Kies.

Wortart: Konjunktionen

→ Übungen zu Konjunktionen findest du auf Seite 84–85, 101, 233, 249, 279, 280–281

Mit **und/oder** können wir **Sätze verbinden**.
Wir nennen sie Bindewörter (Konjunktionen).

Wenn beide Sätze gelten, verbinden wir mit **und**.
Gilt nur einer der Sätze, verbinden wir mit **oder**.

Mit **weil** können wir etwas **begründen**.
Mit **wenn** können wir eine **Bedingung nennen**.
Vor weil/wenn steht ein Komma.

Wortart: Adverbien

→ Übungen zu Adverbien findest du auf Seite 264–265

Mit Wörtern wie **zuerst, dann, danach, heute, morgens** können wir die Zeit genauer angeben. Wir nennen sie **Adverbien der Zeit**.

Mit Wörtern wie **hier, dort, links, rechts, hinten, vorne, geradeaus** können wie einen Ort oder eine Richtung genauer angeben. Wir nennen sie **Adverbien des Ortes**.

Satzglieder

→ Übungen zu Satzgliedern findest du auf Seite 272–277

Die Antwort auf die Frage **Wer** oder **was?** nennen wir **Subjekt**.
Die Antwort auf die Frage **Was tut?** nennen wir **Prädikat**.
Die Antwort auf die Frage **Wen** oder **was?** nennen wir **Akkusativ-Objekt**.
Die Antwort auf die Frage **Wem?** nennen wir **Dativ-Objekt**.

Das Subjekt, das Prädikat, das Akkusativ-Objekt und das Dativ-Objekt sind **Satzglieder**.

A

Ab, ab	der	Abdruck, die Abdrücke	244
	der	Abend, die Abende	14
		abmessen	
		(er misst ab, er maß ab)	72
	die	Absprache, die Absprachen	14
Ac, ac		acht	84, 235
Ad, ad	die	Adresse, die Adressen	80
Al, al		alle	106
		also	95
An, an	die	Ananas	232
		anders	38, 48, 74
	der	Anfang, die Anfänge	88
		anfassen	
		(er fasst an, er fasste an)	236
	die	Angst, die Ängste	114
		ankommen	
		(er kommt an, er kam an)	269
	die	Anlage, die Anlagen	261
		anlegen	
		(er legt an, er legte an)	75
	der	Anruf, die Anrufe	191
		ansprechen	
		(er spricht an, er sprach an)	64
		antreten	
		(er tritt an, er trat an)	269
	die	Antwort, die Antworten	23, 44
Ap, ap	der	Apfel, die Äpfel	247
Ar, ar	die	Arbeit, die Arbeiten	84
		arbeiten	73, 84
	der	Ärger	127
		ärgerlich	232, 233
	der	Arm, die Arme	54
		arrogant, arroganter,	
		am arrogantesten	180
	der	Arzt, die Ärzte	168
Au, au		auch	34, 107
		auf	34, 49, 107
	die	Aufgabe, die Aufgaben	86
		aufhören	
		(er hört auf, er hörte auf)	52
		aufräumen	72
	die	Aufregung, die Aufregungen	228

		aufstehen	
		(er steht auf, er stand auf)	16, 249
	das	Auge, die Augen	52, 145
	die	Ausbildung, die Ausbildungen	259
	der	Ausbildungsplatz,	
		die Ausbildungsplätze	84
		ausbrechen	
		(er bricht aus, er brach aus)	140
		auslachen	
		(er lacht aus, er lachte aus)	54
		außerdem	26, 84
		auswählen	
		(er wählt aus, er wählte aus)	51

B

Ba, ba		backen	278, 279
	die	Bahn, die Bahnen	248
	die	Bank, die Bänke	64
		basteln	86, 269
	der	Bauch, die Bäuche	17, 194
		bauen	269
	der	Baum, die Bäume	98
Be, be		beantworten	74
		bearbeiten	72
		bedecken	244
		bedienen	244, 249
		begraben	
		(er begräbt, er begrub)	153
		begründen	13
	das	Bein, die Beine	195
	das	Beispiel,	
		die Beispiele	19, 37, 128, 135
	die	Beleuchtung,	
		die Beleuchtungen	100
		benötigen	37
		beobachten	72, 116
		beraten (er berät, er beriet)	85
	der	Berg, die Berge	98
	der	Beruf,	
		die Berufe	70, 74, 234, 244, 246
		beschränken	126
		beschreiben (er beschreibt,	
		er beschrieb)	30, 91, 273

F

G

H

Vollständige Gedichte, Texte und Lösungen

Dies ist der vollständige Liedtext von Seite 136.

Gib mir Sonne   Rosenstolz

1 Es kann gar nicht hell genug sein
2 Alle Lichter dieser Welt
3 Sollen heute für mich leuchten
4 Ich werd rausgehn
5 Mich nicht umdrehn
6 Ich muss weg

7 Manchmal muss Liebe schnell gehn
8 Mich überfahrn, mich überrolln
9 Manchmal muss das Leben wehtun
10 Nur wenn es wehtut
11 Ist es gut, dafür zu gehn

12 Gib mir Sonne
13 Gib mir Wärme
14 Gib mir Licht
15 All die Farben wieder zurück
16 Verbrenn den Schnee
17 Das Grau muss weg
18 Schenk mir 'n bisschen Glück

19 Wann kommt die Sonne?
20 Kann es denn sein,
21 dass mir gar nichts mehr gelingt?
22 Wann kommt die Sonne?
23 Kannst du nicht sehn,
24 dass ich tief im Schnee versink?

25 Und ich trage mein Herz offen
26 Alle Türen ganz weit auf
27 Hab keine Angst mich zu verbrennen
28 Auch wenn's wehtut
29 Nur was wehtut, is auch gut

30 Gib mir Sonne
31 Gib mir Wärme
32 Gib mir Licht
33 All die Farben wieder zurück
34 Verbrenn den Schnee
35 Das Grau muss weg
36 Schenk mir 'n bisschen Glück

37 Wann kommt die Sonne?
38 Kann es denn sein, dass mir gar
39 nichts mehr gelingt?
40 Wann kommt die Sonne?
41 Kannst du nicht sehn,
42 dass ich tief im Schnee versink?

43 Feier das Leben, feier das Glück
44 Feier uns beide, es kommt alles
45 zurück
46 Feier die Liebe, feier den Tag
47 Feier uns beide, es ist alles gesagt

48 Hier kommt die Sonne, hier kommt
49 das Licht
50 Siehst du die Farben, und alle zurück

51 Hier kommt die Sonne
52 Hier kommt die Sonne
53 Hier kommt die Sonne
54 Die Sonne
55 Die Sonne

Hier findest du den vollständigen Rap von den Seiten 71 bis 79.

Komm auf Tour – meine Stärken, meine Zukunft.
Rap 2020

1 Hast du für mich ein wenig Zeit?
2 Ich bin weit weg von dir
3 für dich ist's eine Ewigkeit
4 doch bald bist du bei mir.
5 Der Zeittunnel wird die Jahre verdichten
6 und von deinen ersten Schritten berichten.
7 2020 bist du so alt wie ich
8 jetzt kommt's auf dich an
9 ja, genau auf dich!
10 Du brauchst wirklich nicht viel
11 versetze Berge!
12 Es liegt in deinen Händen
13 lass dich ein und spiel
14 du brauchst nur ein Ziel.
15 Wo liegt deine Stärke?
16 Jetzt kommt's auf dich an!
17 Jetzt bist du dran!

18 *Komm auf Tour, du!*
19 *Der Countdown läuft.*
20 *Steig jetzt ein*
21 *in deine Zukunft.*
22 *Zeig deine Power*
23 *mach dich schlauer!*

24 Wohin die Reise geht
25 kann heut' noch keiner sagen
26 aber du sagst wo
27 wo es langgeht
28 du stellst hier die Fragen:
29 Wo geht's lang?
30 Was will ich tun?
31 Wo will ich hin?
32 Was hab ich drauf?
33 Wer will ich sein?
34 Was hält mich auf?
35 Mit wem will ich geh'n?
36 Wie will ich leben?
37 Vielleicht zu zweit?
38 Will ich etwa jetzt ein Kind?
39 Ich glaub', ich steh' im Wind!
40 Küssen, fummeln, schmusen
41 Hände geh'n auf Entdeckungsreise.
42 Machst du mit?
43 Ey Baby, spürst du's nicht?
44 Ey Mann, raffst du's nicht?
45 Ohne Pille und ohne Gummi
46 kommst du bei mir nicht weit!
47 Wie will ich leben?
48 Will ich leben so wie meine Alten?
49 Den ganzen Tag ackern

50 und die Schnauze halten?
51 Will ich nur „fun"?
52 Will ich nur abhängen?
53 Wie weiß ich, was ich kann?
54 Wo geht es lang?
55 Jetzt kommt's auf mich an!
56 Shit, jetzt sind wir dran.

57 *Komm auf Tour, du!*
58 *Der Countdown läuft.*
59 *Steig jetzt ein*
60 *in deine Zukunft.*
61 *Zeig deine Power*
62 *mach dich schlauer!*

63 Wohin die Reise geht
64 mach dich am besten schlau
65 wer den coolsten Tipp hat
66 weiß keiner so genau:
67 Hab ich zwei linke Hände?
68 Bin ich voll kreativ?
69 Meine Graffiti füllen Wände?
70 Oder bin ich nur naiv?
71 Werd' ich'n Sesselpooper?
72 Ich liebe meinen PC!
73 Oder ackere ich draußen
74 im hammerhohen Schnee?

75 Ich liebe Zahlen und das Klingeln
   der Kasse
76 in Mathe war ich stets der Beste
   der Klasse.
77 Volltexten kann ich jeden Kunden.
78 Bring den Rap und komm über die
   Runden!
79 Ey! – bist du glatt gekämmt
80 ich mach mir gleich ins Hemd.
81 Muss ich immer cool sein?
82 Darf ich lieber schwach sein?
83 Kannst du ständig fit sein?
84 Darf ich einfach schwul
85 oder lesbisch sein?
86 Will ich immer gut sein?
87 Oder stinkend reich sein?
88 Darf ich im Leben weich sein?
89 Kann ich nie ohne Job sein?
90 Muss ich immer der Erste sein?
91 Jetzt kommt's auf mich an.
92 Stimmt, jetzt sind wir dran.

93 *Komm auf Tour, du!*
94 *Der Countdown läuft.*
95 *Steig jetzt ein*
96 *in deine Zukunft.*
97 *Zeig deine Power*
98 *mach dich schlauer!*

Und wer war nun der Täter in Der Hund von Baskerville?
Hier findest du die Lösung für Seite 171.

Es war Stapleton, der Naturforscher. Er wollte das Erbe
der Baskervilles und nutzte die alte Sage.
Er besorgte sich einen großen Hund, den er hungern ließ,
sodass er wild und böse wurde.
Sir Henry, der Erbe von Baskerville, wird zwar angefallen.
Aber er kommt mit dem Schrecken davon.
Sein herzkranker Onkel, Sir Charles, starb jedoch
an dem Schrecken, den der Hund ihm eingejagt hatte.

Die Erklärung für den Versuch auf Seite 220:

Die Fasern von Papier liegen eng nebeneinander.
Zwischen den Fasern gibt es beim Küchenpapier
viele hohle Räume. Wenn so ein langgestreckter
Hohlraum und Wasser aufeinandertreffen,
zeigt sich der so genannte „Kapillareffekt".
Das heißt, das Wasser steigt gegen die Schwerkraft nach oben.
Das passiert im Küchenpapier an ganz vielen Stellen
gleichzeitig. Nach und nach landet immer mehr Wasser
im leeren Glas, bis das Wasser in beiden Gläser
gleich hoch steht.

Alle Texte auf einen Blick

Textquellen

Boie, Kirsten (geb. 1950 in Hamburg): Skogland (S. 186–191) (vereinfachter Text). Aus: Skogland. Hamburg (Verlag Friedrich Oetinger) 2005, S. 49–50.
Der Prinz und der Bottelknabe (S. 186–187) (vereinfachter Text). Aus: Der Prinz und der Bottelknabe. Hamburg (Verlag Friedrich Oetinger) 1997, S. 46.
Der Junge, der Gedanken lesen konnte. Ein Friedhofskrimi (S. 194–195) (vereinfachter Text). Aus: Der Junge, der Gedanken lesen konnte: Ein Friedhofskrimi. Hamburg (Verlag Friedrich Oetinger) 2012, S. 99–104.

Dörrzapf, Anke (geb. 1973 in München) und **Lieb, Claudia**: Die abenteuerlichen Reisen des Marco Polo (S. 156–160) (vereinfachter Text). Aus: Die wunderbaren Reisen des Marco Polo. Hildesheim (Gerstenberg) 2009, S. 16–17, 22–24, 31–35.

Doyle, Sir Arthur Conan (geb. 1859 in Edinburgh/Schottland, gest. 1930 in Crowborough/England): Der Hund von Baskerville (S. 168–171) (vereinfachter Text). Aus: Sherlock Holmes: Der Hund von Baskerville. München (cbj) 2005, 5. Auflage. S. 30–33, 34–37, 268–271.

Ernst, Otto (geb. 1862 in Ottensen/Hamburg, gest. 1926 in Groß Flottbek/Hamburg): Nis Randers (S. 144–145). Aus: Deutscher Balladenschatz. Hrsg. von Adalbert Baur. Blindlach (Gondrom Verlag) 1978, S. 199.

Frei, Frederike (geb. 1945 in Brandenburg/Havel): Selbstporträt (S. 49, 63). Aus: Losgelebt. Hamburg (Dölling & Galitz) 1987.

Fontane, Theodor (geb. 1819 in Neuruppin, gest. 1898 in Berlin): John Maynard (S. 141–142). Aus: Das große deutsche Balladenbuch. Hrsg. von Beate Pinkerneil. Regensburg (Athenäum-Verlag) 1978, S. 436–437.

Holz, Arno (geb. 1863 in Rastenburg (heute Kętrzyn/Polen), gest. 1929 in Berlin): Mählich durchbrechende Sonne (S. 134). Aus: Die Sonne. Gedichte. Hrsg. von Andrea Wüstner. Stuttgart (Philipp Reclam jun.) 2006, S. 28–29.

Levoy, Myron (geb. 1930 in Queens/USA): Joshua (S. 54) (vereinfachter Text). Aus: Drei Freunde. München (dtv) 1996, 11. Auflage, S. 5–6.

Pressler, Mirjam (geb. 1940 in Darmstadt): Eva (S. 52) (vereinfachter Text). Aus: Bitterschokolade. Weinheim und Basel (Beltz) 1986, S. 45, 120–121.

Rosenstolz (Plate, Peter/R., AnNa/Sommer, Ulf): Gib mir Sonne (S. 136, 319). Aus: Die Suche geht weiter. Das Songbook. Berlin (Bosworth Music) 2009.

Till, Jochen (geb. 1966 in Frankfurt am Main): Aufstehen! (S. 16–17) (vereinfachter Text). Originalbeitrag.

Vogel, Maja von (geb. 1973 in Lingen/Ems): Die Handy-Falle (S. 172–173) (vereinfachter Text). Aus: Die drei !!!: Die Handy-Falle. Stuttgart (Kosmos) 2006. S. 54–55, 94–95.

Unbekannte und ungenannte Verfasser, Originalbeiträge:

- Streitgespräch (S. 14). Originalbeitrag.
- Sachlich diskutieren (S. 26). Originalbeitrag.
- Virtuelles Wasser ist verstecktes Wasser (S. 34–35). Originalbeitrag.
- Der Wasser-Fußabdruck (S. 40) (vereinfachter Text). Originalbeitrag nach Informationen der Vereinigung Deutscher Gewässerschutz.
- Der Wasser-Fußabdruck von Weizenbrot (S. 41). Originalbeitrag.
- Eine glänzende Erfindung (S. 62). Originalbeitrag; Informationen nach: Spiegel. Zeig mir, wer ich bin. GEOlino Nr. 10/09, S. 24–25.
- Eva und Joshua (S. 64). Schülerarbeit.
- Raptext: Komm auf Tour (S. 70–78/320–321). Aus: Bundeszentrale für gesundheitliche Aufklärung;

Bundesagentur für Arbeit: Komm auf Tour. Meine Stärken, meine Zukunft. www.komm-auf-tour.de [Stand: 29.01.2013].
- Drehleiter oder Singen? – Du hast die Wahl! (S. 74–75). Originalbeitrag.
- Traumberuf: Gärtnerin (S. 84). Originalbeitrag.
- Berufsinterview: Altenpflegerhelferin (S. 86–87). Originalbeitrag.
- Der Zoo-Begleiter erzählt: Eine Vogelspinne als Haustier (S. 95). Originalbeitrag.
- Zeitschriftentexte: Wusstest du, … (S. 96). Originalbeitrag.
- Krokodile (S. 104). Originalbeitrag.
- Die Welt der giftigsten Tiere (S. 106–107). Originalbeitrag.
- Gefahr im Netz (S. 114–116). Stark gekürzt und verändert aus: http://www.kinderpolizei.at/kids/action/geschichten/gefahr.html [Stand: 02.05.2011].
- Ich bin dagegen, dass … (S. 124). Originalbeitrag.
- Raus aus der Zeitfalle (S. 126). Originalbeitrag; Informationen nach: Welt der Wunder Youngster. Ausgabe 1/12, S. 17.
- Die Sage vom Baskerville Castle (S. 167). Originalbeitrag.
- Heiße Schokolade (S. 178–179). Originalbeitrag.
- Papier verbrauchen (S. 200–201). Originalbeitrag.
- Eine Person beschreiben (S. 210). Schülerarbeit.
- Kann Papier Wasser leiten? (S. 220–221, 312). Originalbeitrag; Informationen nach: Kids and Science: Die geheimnisvolle Wasserleitung. http://www.kids-and-science.de/experimente-fuer-kinder/detailansicht/datum/2009/11/13/die-geheimnisvolle-wasserleitung.html [Stand: 29.01.2013].
- Im Spiegel (S. 228). Originalbeitrag.
- Kostbares Wasser (S. 230). Originalbeitrag.
- Urzeittiere (S. 232). Originalbeitrag.
- Girls' Day (S. 234). Originalbeitrag.
- Ein einmaliges Kennzeichen (S. 236). Originalbeitrag.

Bildquellen

S. 12–15, 18, 30, 35, 44, 49, 50, 70–72, 74–75, 110–112, 119, 210: Peter Wirtz, Dormagen; S. 26: Suzanne Collins, Die Tribute von Panem. Tödliche Spiele. Friedrich Oetinger Verlag GmbH, Hamburg 2009; Charlotte Kerner (Hrsg.), Die nächste GENeration. Beltz & Gelberg, Weinheim 2009; Wie man mit einem Schokoriegel die Lichtgeschwindigkeit misst ... S. Fischer Verlag, Frankfurt/M 2009; Helen Vreeswijk, Chatroom-Falle. Loewe Verlag GmbH, Bindlach 2009; S. 30: © psdesign1 – Fotolia.com; S. 31: © Ludmila Smite, © Oleksandr Moroz – Fotolia.com, © poseidone/istockohoto.com; © vectomart, © rangizz, © Wichittra Srisunon, © psdesign1 – Fotolia.com; S. 32: © vectomart, © Wichittra Srisunon, © Desu Dekker, © rangizz, © Oleksandr Moroz – Fotolia.com; S. 33: © Zauberhut, © psdesign1, © higyou, © Nabee – Fotolia.com; S. 34: © Gina Sanders – Fotolia.com; S. 35 unten: © Desu Dekker, © Franz Pfuegl – Fotolia.com; S. 38: © Oleksandr Moroz – Fotolia.com; S. 40: WWF Deutschland, Berlin (1), © Alexandr Blinov – Fotolia.com (2), © poseidone/istockohoto.com (3), © Henry Czauderna – Fotolia.com (4); S. 40: © safarbi – Fotolia.com; S. 41: © Ludmila Smite – Fotolia.com; S. 46: © Informationen für die Grafik nach: Persönliche Mitteilung 2007 des Bundesverbandes der deutschen Gas- und Wasserwirtschaft e. V.; S. 48, 50: © Julija Sapic – Fotolia.com; S. 49: © suzannmeer – Fotolia.com; S. 62 oben: © vvoe #54433341 – Fotolia.com; unten: IAM/akg; S. 68: RTL/B. Jaworek; S. 80: Schülerarbeit; S. 84: © Eléonore H – Fotolia.com; S. 86 © Erwin Wodicha – Fotolia.com; S. 90 links: © Cathy-Keifer, rechts: © ivkuzmin/istockphoto.com, unten: © Radka Palenikova/shutterstock; S. 91 oben: © goldenangel – fotolia.com, unten: © zilli/istockphoto.com; S. 92: © Liaurinko, © rubysoho, © ysk hrsw i – Fotolia.com; S. 93: picture-alliance/dpa Grafik; S. 95 oben: © zilli/istockphoto.com, unten: © goldenangel – Fotolia.com; S. 96 oben links: © golden-angel, oben rechts: © pixelgarten, unten links: Samuele Gallini – Fotolia.com, unten rechts: © D.Kucharski K.Kucharski/shutterstock; S. 98: © goldenangel – Fotolia.com; S. 100: © Eric Isselée – Fotolia.com; S. 104: picture-alliance/© Evolve/Photoshot; S. 106: © Iudex/istockphoto.com; S. 107 oben: © yang wenshuang, Mitte: © Jodi. Jacobson, unten: © kikkerdirk/istockphoto. com; S. 108 oben: © NTCo, unten: © fotolinchen/istockphoto.com; S. 110, 111, 114–116: © Beboy – Fotolia.com; S. 117: Schülerarbeit; S. 124: © rikilo – Fotolia.com; S. 154: Illustration: Klaus Steffens, Waghäuser/cbj München/Verlagsgruppe Random House GmbH; S. 155 oben: © samott – Fotolia. com, unten: Volkhard Binder, Berlin; S. 163: ahg/De Agostini Picture Lib.; S. 166: Arthur Conan Doyle, Der Hund der Baskervilles.© Franckh-Kosmos Verlags GmbH & Co. KG, Stuttgart 2011; S. 172: Die drei !!!. Die Handy-Falle. Deutscher Taschenbuch Verlag GmbH & Co. KG, München 2009; S. 178: Thomas Schulz, Teupitz; S. 183: Schüler-arbeit; S. 186: Kirsten Boie, Der Prinz und der Bottelknabe (1997); Skogland (2005). Friedrich Oetinger Verlag GmbH, Hamburg; S. 187: © Paula Markert; S. 189: Bernd Kissel, Überherrn-Berus; S. 194: Kisten Boie, Der Junge, der Gedanken lesen konnte. © Friedrich Oetinger Verlag GmbH, Hamburg 2012; S. 200: http://microle.files.wordpress. com/2012/01/papierverteilung.jpg; S. 201: (1) © 2010 Werner Munzker – Fotolia.com, (2) © rdnzl #47002877 – Fotolia.com, (3) © Axel Bueckert #44551685 – Fotolia.com, (4) © Petra Steinkuehler-Nitschke – Fotolia.com; S. 220: Joachim Hecker, Hagen/Westf.; S. 230: © Gina Sanders – Fotolia.com; S. 232: © Michael Rosskothen/shutterstock; S. 234: © Gerhard Seybert – Fotolia.com; S. 236: © scol22 – Fotolia.com; S. 260: © pp – Fotolia.com; S. 280: © M. Siegmund – Fotolia.com.

Illustrationen

Stefan Bachmann, Wiesbaden: S. 48–52, 54, 56, 58, 64;
Thomas Binder, Magdeburg: S. 91, 98–100, 156–158, 160, 164;
Egbert Herfurth, Leipzig: S. 2–10, 256–257;
Naeko Ishida, Heidelberg: S. 12–13, 16–17, 176–177, 181, 188, 191, 194–195;
Susanne Kuhlendahl, Tönisvorst: S. 134, 136;
Carsten Märtin, Oldenburg: S. 30–32, 198, 200, 214, 264, 268;
Matthias Pflügner, Berlin: S. 258, 262–263, 273;
Friederike Rave, Wuppertal: S. 269, S. 278;
Chrissie Salz, Köln: S. 70–74, 79, 81, 166–167, 169–170, 173;
Juliane Steinbach, Wuppertal: S. 265;
Rüdiger Trebels, Düsseldorf: S. 111–112, 114–116, 125–126, 140–145, 152, 228, 235.

Bereiche des Deutschunterrichts	Aufgaben	Seite	Kapitel
Sprechen und Zuhören			
zu anderen sprechen	deutlich und artikuliert sprechen	176–183	Was für ein Theater!
	sach- und situationsgerecht sprechen	14–23	Los geht's: Miteinander reden
		86–87	Berufe erkunden und vorstellen
	Gestik und Mimik gezielt einsetzen	177, 180–183	Was für ein Theater!
vor anderen sprechen	Gedichte, Balladen und Dialoge ausdrucksvoll vortragen	134–135	Gedichte an die Sonne
		143	Geschichten in Gedichten: Balladen
		176–183	Was für ein Theater!
	frei vortragen	89	Berufe erkunden und vorstellen
		109	Ich stelle giftige Tiere vor
	mit Hilfe von Stichworten und Medien anschaulich präsentieren	38–39	Wasser, das man nicht sieht
		81	Komm auf Touren, du!
		88–89	Berufe erkunden und vorstellen
		106–109	Ich stelle giftige Tiere vor
mit anderen sprechen	Gesprächsregeln vereinbaren und beachten	12–14, 19–29	Los geht's: Miteinander reden
	die eigene Meinung begründet vertreten	12–23	Los geht's: Miteinander reden
		126–127	Meinungen äußern und begründen
	auf Gesprächsbeiträge sachlich eingehen	14, 19	Los geht's: Miteinander reden
	diskutieren und argumentieren	12–23	Los geht's: Miteinander reden
		26–27	Argumentieren und diskutieren
		110–125	Ich und das Internet
		126–129	Meinungen äußern und begründen
verstehend zuhören	Gesprächsbeiträge anderer verfolgen und aufnehmen	124–125	Ich und das Internet
	verbale und nonverbale Kommunikation untersuchen	15	Los geht's: Miteinander reden
		177, 180	Was für ein Theater!
	aufmerksam zuhören und Notizen machen	89	Berufe erkunden und vorstellen
		109	Ich stelle giftige Tiere vor
szenisch spielen	szenisch spielen	144–145	Geschichten in Gedichten: Balladen
		176–183	Was für ein Theater!
	ein Standbild bauen	15	Los geht's: Miteinander reden
		145	Geschichten in Gedichten: Balladen
Schreiben			
über Schreibfertigkeiten verfügen	lesbar und zweckorientiert schreiben	224–227	Schrift und Schreiben
	Texte adressatengerecht gestalten	218–219	Briefe schreiben
richtig schreiben	Rechtschreibung anwenden	224–249	Rechtschreiben: Die Trainingseinheiten
	individuelle Fehlerschwerpunkte erkennen	246–249	Rechtschreiben: Die Arbeitstechniken
Texte planen	eine Geschichte planen	58	Spieglein, Spieglein an der Wand …
	in Mindmaps und Clustern Informationen ordnen	18	Los geht's: Miteinander reden
		106	Ich stelle giftige Tiere vor
	Planungsübersichten erstellen	214–215	Selbstständig planen und arbeiten
	Informationsquellen nutzen	39	Wasser, das man nicht sieht
		155, 163	Die abenteuerlichen Reisen des Marco Polo
Texte schreiben	einen Brief schreiben	56, 59	Spieglein, Spieglein an der Wand …
		218–219	Briefe schreiben und überarbeiten
	eine Tabelle oder ein Diagramm erstellen	75–79	Komm auf Touren, du!
		127	Meinungen äußern und begründen
	eine Person beschreiben	68–69	Eine Person beschreiben
		154	Die abenteuerlichen Reisen des Marco Polo
		164	Eine Person beschreiben und charakterisieren
	eine Anleitung schreiben	98–99	Urzeittiere – unter uns
		268	Verben verwenden
	einen Versuch beschreiben	44–45	Wasser, das man nicht sieht
		220–221	Versuche beschreiben
	eine Inhaltsangabe schreiben	152–153	Eine Ballade zusammenfassen
	eine Folie gestalten	38–39	Wasser, das man nicht sieht
		108	Ich stelle giftige Tiere vor
	ein Plakat gestalten	19, 22–23	Los geht's: Miteinander reden
		88	Berufe erkunden und vorstellen
	Stellung nehmen	119–120	Ich und das Internet
		128–129	Meinungen äußern und begründen

Das Buch wurde erarbeitet auf der Grundlage der Ausgabe von Renate Krull (Herausgeberin), Werner Bentin (Herausgeber), Werner Bentin, Ulrich Deters, Martin Felber, Filiz Feustel, Sandra Heidmann-Weiß, Svea Hummelsheim, Renate Krull, Martina Panzer, Katrin Placzek, Silke Quast, Gerda Steininger, Stephan Theuer

Projektleitung: Gabriele Biela
Redaktion: Sandy Leistner, Susanne Weidmann
Bildrecherche: Sabine Kaehne

Umschlaggestaltung: Cornelsen Verlag Design/Klein&Halm Grafikdesign, Berlin
Umschlagfoto: Image Source/Corbis
Layout und technische Umsetzung: Klein&Halm Grafikdesign, Berlin

www.cornelsen.de

Soweit in diesem Lehrwerk Personen fotografisch abgebildet sind und ihnen von der Redaktion fiktive Namen, Berufe, Dialoge und Ähnliches zugeordnet oder diese Personen in bestimmte Kontexte gesetzt werden, dienen diese Zuordnungen und Darstellungen ausschließlich der Veranschaulichung und dem besseren Verständnis des Inhalts.

Die Webseiten Dritter, deren Internetseiten in diesem Lehrwerk angegeben sind, wurden vor Drucklegung sorgfältig geprüft. Der Verlag übernimmt keine Gewähr für die Aktualität und den Inhalt dieser Seiten oder solcher, die mit ihnen verlinkt sind.

1. Auflage, 4. Druck 2022

Alle Drucke dieser Auflage sind inhaltlich unverändert und können im Unterricht nebeneinander verwendet werden.

Druck und Bindung: Livonia Print, Riga

ISBN 978-3-06-060579-8 (Schülerbuch)
ISBN 978-3-06-060584-2 (E-Book)

PEFC zertifiziert
Dieses Produkt stammt aus nachhaltig bewirtschafteten Wäldern und kontrollierten Quellen.
www.pefc.de
PEFC/12-31-006